LA GRAN COCINA LATINOAMERICANA

PASO A PASO

AGUILAR

AGUILAR

SUMARIO

ARGENTINA 6

CHILE 24

COLOMBIA 30

COSTA RICA 66

CUBA 72

ECUADOR 86

EL SALVADOR 102

GUATEMALA 108

HONDURAS 114

MÉXICO 120

NICARAGUA 196

PANAMÁ 202

PERÚ 206

PUERTO RICO 222

REPÚBLICA DOMINICANA 230

VENEZUELA 244

INTRODUCCIÓN

La realización de este libro, pensado para todos aquellos amantes de la buena mesa con raíces en los distintos países de Latinoamérica o simplemente con deseos de rememorar o conocer las maravillas culinarias de estas tierras, pretende hacer un recorrido, desde México y Las Antillas hasta la Patagonia, en el que se produzca el encuentro con las recetas más populares y emblemáticas de cada país. A lo largo de los últimos años, he viajado por estos países aprendiendo y disfrutando de su espléndida cocina. Ahora me complace hacer partícipes a todos los lectores de este libro de mis experiencias en los fogones de Latinoamérica y contribuir a la difusión de esta parte tan importante de la cultura.

En la cocina se encuentran las diferentes civilizaciones que se establecieron en América a lo largo de los últimos siglos, y a través de sus platos podemos entrever las influencias de cada una de ellas.

He querido utilizar la terminología local del país originario de cada receta, pero al final de estas páginas encontrará un práctico glosario multientrada que le permitirá resolver en un instante cualquier duda.

Cada receta muestra el proceso de realización a través de 3 o 4 pasos, ilustrados para mejor comprensión, y una foto final que le ayudará a decorar y presentar el plato como un profesional.

Estoy segura que este libro le resultará de ayuda y disfrute y que hará las delicias de todos sus familiares y amigos.

Itos Vázquez

Itos Vázquez es escritora de gastronomía y cocina desde hace más de 25 años. Ha publicado más de un centenar de libros de cocina, con especial énfasis en Latinoamérica, y un sinfín de artículos y colaboraciones en revistas del sector. En la actualidad es Directora de Contenidos y Desarrollo de la web www.cocinavino.com.

EMPANADAS

Ingredientes para 8 empanadas:

2 lb de **harina** de trigo
1 **huevo** grande o 2 pequeños
1 taza de **grasa** de pella
½ lb de **carne** picada a cuchillo
2 cucharadas de **grasa** para freír
1 **cebolla** de verdeo picada
2 oz de **pasas**
1 **zanahoria** cocinada
1 **papa** pequeña
1 **tomate** picado
1 cucharada de **pimentón**
Sal y **pimienta**

Preparación

1- Colocar la harina en una superficie de trabajo, hacer en el centro un hueco y cascar ahí el huevo. Añadir la grasa y sal y trabajar, añadiendo agua hasta obtener una masa compacta y homogénea. Taparla con un paño y dejar reposar durante unos 30 minutos.

2- Cortar la carne en láminas finas. Calentar la grasa en una sartén y rehogar la cebolla hasta que esté transparente. Añadir las pasas, previamente remojadas, la zanahoria y la papa cortadas en dados y mezclar. Incorporar el tomate y el pimentón. Salpimentar al gusto, cocinar durante 10 minutos y dejar enfriar.

3- Extender la masa muy fina sobre una superficie enharinada y hacer los redondeles. Repartir sobre ellos el relleno preparado y doblar, sellando los bordes con la punta de un tenedor. Cocinar las empanadas en el horno precalentado a 350 ºF (180 ºC) durante 15 o 20 minutos. Servir frías o calientes, al gusto.

HOJAS DE REPOLLO RELLENAS

Ingredientes para 4 personas:

8 hojas grandes de **repollo**
4 cucharadas de **aceite**
1 **cebolla** cabezona picada
3 dientes de **ajo** picados
½ lb de **carne** de res molida
1 taza de **arroz** cocido
1 taza de **tomate** picado
Orégano, **perejil** picado y **sal**

Preparación

1- Lavar las hojas del repollo, quitar la parte más dura del nervio central y cocinar ligeramente con sal. Escurrir, pasar por agua fría y secarlas bien.

2- Poner en una sartén 2 cucharadas de aceite y sofreír la mitad de la cebolla y de los ajos durante 5 minutos, agregar la carne y dorar otros 5 minutos más. Incorporar el arroz, sazonar con un poco de orégano, perejil picado y sal, mezclar bien y sofreír otros 5 minutos.

3- Repartir este relleno sobre las hojas de repollo. Doblar los bordes de dos lados sobre el relleno, enrollando luego las hojas. Verter en una sartén el aceite restante y sofreír durante 5 minutos el resto de la cebolla y de los ajos. Agregar el tomate, aderezar con orégano y sal y dejar cocinar 10 minutos. Incorporar los envueltos de repollo y cocinar hasta que estén bien calientes.

SOPA DE CHOCLOS

Ingredientes para 6 personas:

½ taza de **aceite**
1 **cebolla** finamente picada
1 **zanahoria** grande
1 **papa** grande
½ lb de **zapallo**
6 **choclos** desgranados
1½ l de **agua**
1 cucharada de **perejil** fresco picado
Sal y **pimienta**

Preparación

1- Calentar el aceite en una olla al fuego, agregar la cebolla finamente picada y rehogar, revolviendo con una cuchara, hasta que esté transparente.

2- Cortar las verduras en daditos y, una vez que la cebolla esté rehogada, añadirlas a la olla, junto con los choclos.

3- Agregar el agua, sazonar con sal y pimienta y cocinar a fuego bajo durante 40 minutos. Servir espolvoreado con el perejil picado.

VIEIRAS A LA BAHÍA DE VALDEZ

Ingredientes para 4 personas:

12 **vieiras** troceadas
1 vaso de **cerveza**
Harina de trigo para rebozar
2 cucharadas de **aceite**
4 cucharadas de **mantequilla**
2 dientes de **ajo** picados
1 **tomate** pelado y picado
2 cucharadas de jugo de **limón**
1 cucharada de **perejil** fresco picado
Sal y **pimienta**

Preparación

1- Poner en recipientes separados la cerveza y la harina y pasar las vieiras primero por la cerveza y a continuación por la harina.

2- Calentar el aceite y la mantequilla en una sartén grande al fuego y freír las vieiras hasta que estén ligeramente doradas. Bajar el fuego, tapar la sartén y cocinar durante 10 minutos. Retirarlas y reservar.

3- A continuación, retirar de la sartén la mitad aproximadamente de la grasa, incorporar los ajos y freírlos. Agregar el tomate, el jugo de limón y el perejil, salpimentar y cocinar durante unos minutos, revolviendo de vez en cuando con una cuchara de madera. Poner de nuevo las vieiras en la sartén y cocinar durante 5 minutos más. Por último, verter las vieiras con la salsa en sus conchas y servir.

CONEJO A LA CAZADORA

Ingredientes para 4 personas:

2½ lb de **conejo**
1 lb de **tomates** maduros
1 **cebolla**
2 dientes de **ajo**
Perejil
4 cucharadas de **aceite** de oliva
½ taza de **vino** blanco
1 taza de **vino** tinto
Sal y **pimienta** molida

Preparación

1- Lavar el conejo y cortarlo en presas. Calentar el aceite en una sartén y freír el conejo unos 10-15 minutos hasta que se dore; pasar a una cazuela.

2- Escaldar los tomates, pelarlos y picarlos. Pelar la cebolla y los ajos y picar todo.

3- Regar el conejo con el vino blanco y agregar los tomates, la cebolla, los ajos, el perejil picado, sal y pimienta. Tapar y dejar cocer a fuego lento 45 minutos.

4- Incorporar el vino tinto y dejar cocer hasta que el conejo esté tierno. Servir acompañado con pan frito y puré de papas.

14

LECHONCITO ADOBADO

Ingredientes para 6 personas:

1 **lechoncito** de 1 mes de edad
como máximo
½ taza de **vinagre**
5 dientes de **ajo**
1 cucharada de **orégano**
2 cucharadas de **pimentón**
1½ cucharadas de **ají** molido
2 cucharadas de **manteca** de cerdo
1 ramita de **salvia**
Pimienta al gusto
1 cucharada de **sal** gruesa

Preparación

1- Lavar el lechoncito y secarlo con papel absorbente. Darle la vuelta, pinchar la carne con un cuchillo y salar, de modo que penetre en la carne.

2- Mezclar en un recipiente el vinagre, los ajos machacados, el orégano, el pimentón, el ají, la salvia, la manteca de cerdo, sal y pimienta.

3- Untar el lechoncito con la mezcla anteriormente preparada y dejar marinar 12 horas. Cocer en horno a temperatura moderada durante un par de horas o hasta que esté bien cocido, dorado y crujiente.

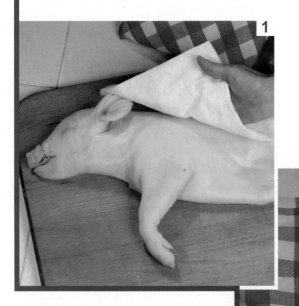

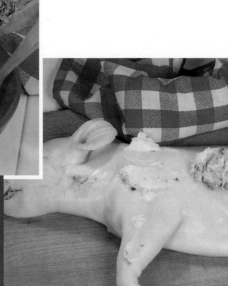

LOCRO CON CARNE DE PECHO

Ingredientes para 6 personas:

1½ tazas de **maíz** pisado seco, 1 lb de **carne** de pecho de res, ½ lb de **huesos** de rodilla, ½ lb de **panceta** salada, 1 **cebolla** picada, 1 **tomate** entero, ½ lb de **zapallo**, 1 **batata**
Para el sofrito:
4 cucharadas de **aceite**, 1 **cebolla** de verdeo picada, 1 cucharada de **pimentón** dulce, 1 cucharadita de **comino** molido, 1 cucharadita de **orégano** seco, 1 cucharadita de **perejil** fresco picado, ½ **pimentón** verde y ½ rojo picados, **sal**

Preparación

1- Poner el maíz, remojado desde la noche anterior, en una olla con abundante agua. Añadir todos los ingredientes restante excepto el zapallo y la batata, salar y cocinar a fuego bajo durante 2 horas. Si fuera necesario, agregar más agua.

2- A continuación, incorporar el zapallo y la batata, cortados en cubitos, y cuando estén tiernos, apartar del fuego. Retirar la carne y la panceta, cortar la carne en tiras y deshilacharlas y la tocineta en cubitos. Poner de nuevo ambas en la olla.

3- Por último, preparar el sofrito con todos los ingredientes y, cuando esté cocinado, servir el guiso acompañado del sofrito, en una salsera aparte.

ALFAJORES

Ingredientes para 6 personas:

1 clara de **huevo**
½ lb de **fécula** de maíz
3 oz de **harina** de trigo
1 cucharadita de **polvo de hornear**
6 yemas de **huevo**
1 cucharadita de **vainilla**
3 oz de **manteca**
1 copita de **aguardiente**
½ lb de **dulce de leche**
3 oz de **coco** rallado
½ lb de **azúcar** impalpable

Preparación

1- Poner en un recipiente la fécula de maíz, la harina y el polvo de hornear. Batir las yemas y la clara hasta que estén espumosas y agregarlas a las harinas, junto con la vainilla, la manteca y el aguardiente.

2- Trabajar con las manos hasta obtener una masa firme y elástica. Extenderla y cortar discos del tamaño que desee. Colocar los discos en latas de horno engrasadas y enharinadas, e introducir en el horno, precalentado a 350 ºF (180 ºC) durante 25 minutos. Despegarlos de las latas y dejar enfriar.

3- Por último, untar los discos con dulce de leche y unirlos de 2 en 2. Pasarlos por el coco rallado, haciéndolos rodar y finalmente, espolvorearlos con el azúcar.

20

GAZNATES

Ingredientes para 6 personas:

12 yemas de **huevo**
1 cucharada de **cognac**
Harina
1 cucharada de **grasa** de pella derretida
2 lb de **grasa** para freír
Dulce de leche para rellenar

Preparación

1- Batir las yemas a punto cinta, agregar el cognac, por gotas y la cantidad de harina que puedan absorber las yemas, hasta lograr una consistencia tierna que no se pegue a las manos. Agregar la grasa tibia y amasar con un palote hasta darle el espesor de un milímetro.

2- Con un cuchillo filoso, recortar rectángulos de aproximadamente 4 x 6 centímetros. Humedecer las esquinas en diagonal con agua y presionar con los dedos para que se peguen.

3- Insertar en un palito de durazno, como si fuera una brochette, y sumergir en abundante grasa a fuego fuerte, girando el palito hasta que la masa se ponga crocante, aunque no muy dorada. Cuando estén fríos, rellenar con dulce de leche pastelero.

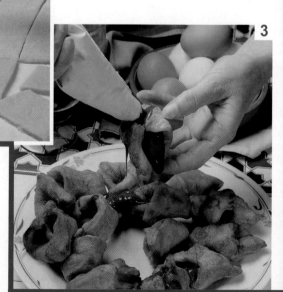

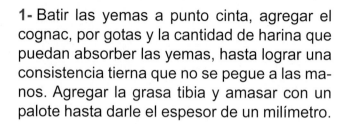

MATAMBRE RELLENO

Ingredientes para 6 personas:

1 **matambre**
2 oz de lonchas de **jamón**
2 **cebollas** medianas
¼ de lb de **puerros**
2 **huevos**
½ taza de **vino** blanco
10 cucharadas de **aceite** de oliva
1 ramillete de **perejil**
2 cucharadas de **pan** rallado
Sal y **pimienta** molida

Preparación

1- Lavar, secar la carne y cortarla a lo largo formando un rectángulo. Extender la carne sobre una mesa y salpimentarla. Cocer los huevos, pelarlos y picarlos. Pelar y picar las cebollas. Pelar, lavar y picar los puerros. Calentar 5 cucharadas de aceite y rehogar 1 cebolla y los puerros hasta que estén transparentes. Apartar del fuego, agregar el perejil picado y el pan rallado. Mezclar bien.

2- Repartir el sofrito sobre la carne bien extendido, junto con los huevos y las lonchas de jamón. Enrollar la carne con cuidado y atarla con cuerda de cocina.

3- Calentar el resto del aceite en una cacerola y dorar la carne por todos lados. Agregar la cebolla restante, el vino y 3 cucharadas de agua. Salpimentar, tapar y cocer a fuego suave durante 1 hora. Dejar enfriar y servirla cortada en lonchas finas, y acompañada con la salsa pasada por un chino.

MERLUZA A LA CRIOLLA

Ingredientes para 6 personas:

2 lb de **merluza** en rebanadas
8 cucharadas de **aceite**
1 **cebolla** grande
1 diente de **ajo**
2 lb de **tomates** maduros
2 **pimientos** morrones en tiras
½ taza de **vinagre**
1 cucharada de **azúcar**
Sal y **pimienta**

Preparación

1- Calentar el aceite en una sartén y freír el pescado, previamente sazonado, hasta que esté dorado. Pelar y picar la cebolla, el diente de ajo y los tomates.

2- En el mismo aceite de haber frito el pescado, freír la cebolla, el ajo y los tomates. Añadir el vinagre y el azúcar, cocinar hasta que la salsa esté espesa y sazonar con sal y pimienta.

3- Incorporar de nuevo el pescado y los pimientos y cocinar todo junto durante 10 minutos. Servir adornado al gusto.

PASTEL DE QUESILLO

Ingredientes para 4 personas:

25 **galletas**
2 oz de **mantequilla**
½ lb de **requesón**
3 **huevos**
½ taza de **leche condensada**
1 oz de **azúcar**
1 sobre de **gelatina** en polvo sin sabor
La ralladura de ½ **naranja**
3 **naranjas**
1 sobre de **gelatina** de naranja

Preparación

1- Moler las galletas y mezclarlas con la mantequilla. Cuando obtenga una pasta homogénea cubrir el fondo de un molde desmontable.

2- Poner en el vaso de la batidora o robot el requesón, las yemas, la leche condensada, la ralladura de naranja y el azúcar. Batir hasta obtener una crema suave y homogénea. Diluir la gelatina sin sabor en el zumo caliente de una de las naranjas y agregarla a la crema. Batir las claras a punto de nieve y mezclarlas con cuidado con la crema de naranja, con movimientos envolventes. Verter en el molde sobre las galletas. Meter en el frigorífico y dejar hasta que cuaje.

3- Pelar las naranjas restantes y cortarlas en rodajas finas; colocarlas en la superficie de la tarta, cubrir con la gelatina de naranja preparada siguiendo las instrucciones del fabricante y dejar cuajar de nuevo en el frigorífico. Desmoldar y servir adornada al gusto.

28

AJIACO BOGOTANO

Ingredientes para 6 personas:

1 **pollo** de 3 lb
4 lb de **papas** criollas, paramunas y sabaneras
3 gajos de **cebolla** larga enteros
1 rama de **cilantro**
3 dientes de **ajo** triturados
1 cubito de **concentrado de pollo**
2 tazas de **maíz** desgranado
1 ramo de **guascas** (sólo las hojas)
1 taza de **crema de leche**
1 pocillo de **alcaparras**
3 **aguacates**
Sal y **pimienta**

Preparación

1- Cortar el pollo en presas, o comprarlo ya despresado. Ponerlo en una olla junto con todas las papas, peladas y cortadas en rodajas, la cebolla, el cilantro, los ajos, el concentrado de pollo, agua abundante, sal y pimienta. Cocinar 45 minutos o hasta que el pollo esté blando y las papas disueltas.

2- Agregar el maíz y cocinar 5 minutos. (Si se usa mazorca en trozos, cocinar el tiempo necesario para que se ablande). Retirar las presas, el cilantro y la cebolla.

3- Deshilachar las presas de pollo, incorporar al caldo junto con las guascas y cocinar 5 minutos. Servir con los aguacates, las alcaparras y la crema de leche, en recipientes separados.

ARROZ ATOLLADO DEL VALLE

Ingredientes para 6 personas:

1 lb de **costillas** de cerdo picadas
½ lb de **carne** de cerdo picada
1 lb de **longaniza** o salchicha
2 cucharadas de **aceite**
½ taza de **hogao**
1 cucharadita de **pimienta** blanca
1 cucharadita de **pimienta** en grano
3 tazas de **arroz**
1 cucharada de **manteca** de cerdo
1 lb de **papas** peladas y picadas
3 **huevos** duros
2 cucharadas de **cilantro** y **perejil**
Sal

1- Calentar seis tazas de agua en una olla al fuego, añadir las costillas y la carne de cerdo y cocinar durante 30 minutos. A continuación, cortar la longaniza en trozos, freírla en una sartén con el aceite caliente e incorporarla a la olla.

2- Seguidamente, añadir el hogao, la cucharadita de pimienta blanca y de pimienta en grano y sal al gusto y mezclar bien. Incorporar el arroz y la manteca de cerdo y continuar cocinando, a fuego medio y con el recipiente destapado, durante aproximadamente unos 20 minutos.

3- Cuando abra el arroz, incorporar las papas picadas y terminar de cocinar. Picar los huevos duros, mezclarlos con el cilantro finamente picado junto con el perejil y agregar al arroz justo antes de servir. Este arroz debe quedar jugoso, por lo que es conveniente agregar más caldo o agua si fuese necesario.

Preparación

CEBICHE

Ingredientes para 6 personas:

1 lb de **langostinos**
1 lb de **pescados** sin piel ni espinas
½ taza de jugo de **limón**
1 **cebolla** grande
2 dientes de **ajo**
½ **pimentón rojo**
½ **pimentón verde**
1 **tomate** grande maduro
1 **chile** serrano picado
1 cucharada de **salsa de soja**
1 **lechuga** lavada y partida
Sal y **pimienta**

Preparación

1- Cortar el pescado en trocitos. Pelar los langostinos, cortarlos por la mitad en sentido longitudinal y desvenarlos.

2- Colocarlos en un recipiente de loza o cristal, rociarlos con el jugo de limón y dejar macerar en el refrigerador durante 3 horas. Escurrir el líquido de la maceración.

3- Picar finamente la cebolla, los ajos, los pimentones y el tomate.

4- Incorporar las verduras picadas al pescado junto con el chile y la salsa de soja. Sazonar con sal y pimienta, revolver todo bien y dejar en el refrigerador hasta el momento de servir. Colocar la lechuga en platos o cuencos individuales, repartir el ceviche y servir.

ENSALADA CON PESCADO

Ingredientes para 6 personas:

5 oz de **pescado** seco
El jugo de 1 **limón**
2 **pimentones** rojos
1 **lechuga** cortada muy fina
3 **palmitos**
1 **huevo** duro
6 cucharadas de **aceite**
2 cucharadas de **vinagre**
Perejil picado
Sal y **pimienta**

Preparación

1- Poner el pescado seco en un recipiente, cubrirlo con agua fría y dejarlo en remojo durante 24 horas como mínimo. Escurrirlo, secarlo ligeramente, cortarlo en tajadas lo más finas posible y colocarlas en un plato. Rociarlas con el jugo de limón y dejar marinar durante 30 minutos.

2- Mientras tanto, hornear los pimentones, pelarlos y cortarlos en tiras.

3- Poner en una fuente la lechuga, los pimentones, los palmitos y el huevo, ambos cortados en tajadas. Colocar alrededor el pescado y aliñar con el aceite, el vinagre, sal y pimienta, previamente mezclados. Adornar con el perejil picado si se desea y servir.

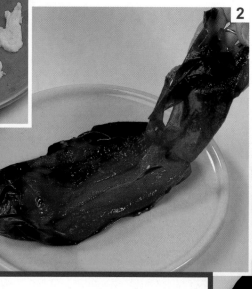

JAIBAS RELLENAS

Ingredientes para 4 personas:

8 **jaibas**
1 taza de **hogao**
1 taza de **leche de coco**
½ taza de **arroz**
1 cucharadita de **azúcar**
1 cucharadita de **aceite**
4 cucharadas de miga de **pan**
Perejil picado
Queso parmesano rallado
Sal y **pimienta** molida

Preparación

1- Lavar las jaibas y cocinar en agua con sal durante 10 minutos, dejando reposar en el mismo agua 5 minutos más.

2- Abrirlas y extraer la carne del cuerpo, así como la de las tenazas, y reservar los carapachos, bien limpios.

3- Calentar la leche de coco, agregar el arroz, el azúcar, el aceite y una pizca de sal y cocinar hasta que esté seco. Poner en una sartén el hogao, incorporar la carne de las jaibas y el arroz, y cocinar a fuego moderado durante 2 ó 3 minutos, revolviendo con una cuchara de madera. Añadir perejil picado.

4- Rellenar los carapachos con el preparado anterior, espolvorear con la miga de pan, el queso rallado y rociar con unas gotas de mantequilla fundida. Gratinar en el horno a 300 ºF (150 ºC) durante 5 o 6 minutos. Servir adornadas con tajadas de tomate y de huevo duro.

1

2

3

4

MONDONGO

Ingredientes para 6 personas:

1 lb de **mondongo** precocido y bien limpio
1 lb de patas de **cerdo**
½ lb de **carne** de cerdo
2 **chorizos**
3 **papas** peladas y picadas
½ lb de **yuca** pelada y picada fina
1 **cebolla** cabezona pelada
1 **tomate** grande maduro
1 cucharada de **cilantro** picado
Comino, **pimienta**, **azafrán** y **sal**

Preparación

1- Picar el mondongo, las patas y la carne de cerdo y cortar en trozos los chorizos. Echarlos en una olla grande con agua y cocinar durante 3 horas (en olla a presión 45 minutos).

2- Mientras tanto, pelar y picar la cebolla y el tomate y preparar un hogao.

3- Añadir a la olla las papas, la yuca, el hogao, el cilantro, el azafrán, el comino y sal y pimienta al gusto. Tapar y cocinar 30 minutos más, hasta que todo esté tierno. Rectificar la sazón y servir con arroz y patacones.

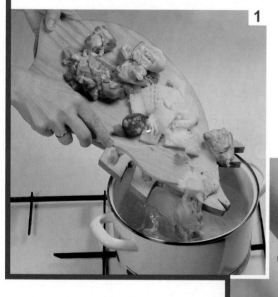

SANCOCHO DE GALLINA

Ingredientes para 6 personas:

1 **gallina** grande despresada
1 **cebolla** cabezona picada
1 taza de **tomates** maduros picados
2 cucharadas de **mantequilla**
2-3 dientes de **ajo** picados
10 tazas de **caldo de pollo**
2 **mazorcas** cortadas en trozos
2 **plátanos** hartones verdes
2 **plátanos** hartones pintones
2 **yucas** peladas y troceadas
8 **papas** sabaneras peladas
Cilantro picado
Sal, **pimienta** y **comino**

1- Antes de hacer la preparación, adobar la gallina durante 2 horas, con la mitad de la cebolla y del tomate. En una sartén a fuego medio, derretir la mantequilla y sofreír durante 5 minutos la cebolla y el tomate restantes junto con el ajo.

2- Poner el caldo de pollo en una olla, añadir el hogao y cocinar. Agregar la gallina, las mazorcas y los plátanos verdes. Tapar y cocinar hasta que la carne de gallina comience a ablandarse (1 hora aproximadamente). Retirar las mazorcas.

3- Adicionar los plátanos pintones, las yucas y las papas y condimentar al gusto. Agregar más caldo si fuera necesario. Tapar y continuar la cocción hasta que todo esté blando. Devolver las mazorcas a la olla, verificar la sazón y servir bien caliente, espolvoreado con el cilantro. Acompañar con ají.

Preparación

BANDEJA PAISA

Ingredientes para 6 personas:

3 tazas de **frijoles** rojos
2 cucharadas de **aceite**
2 lb de **carne** molida
1 taza de **hogao**
2 lb de **tocineta**
6 **huevos**
Patacones
Arepas, **sal**
Para el ají:
Cebolla larga, **cilantro**
Semillas de **ají**, **tomate**
Sal, **vinagre** y **color**

Preparación

1- Poner los frijoles en remojo la noche anterior, en una olla grande con abundante agua. Cocinar en el mismo agua del remojo, con la mitad del aceite. Cuando estén medio cocinados los frijoles, salar.

2- Mientras tanto, sofreír la carne molida en el aceite restante, añadir la mitad del hogao y revolver. Cortar la tocineta en trozos y freír para hacer los chicharrones.

3- Cuando los frijoles estén blandos, añadir el hogao restante y cocinar 5 o 10 minutos más. Preparar el ají, mezclando todos los ingredientes, finamente picados y adicionando un poco de agua. Hacer los patacones, las arepas y freír los huevos. Servir en una bandeja con arroz y aguacate.

COCIDO

Ingredientes para 6 personas:

1½ lb de costilla de **res**
1 **pollo** despresado
1½ lb de cola de **cerdo**
1 **repollo** blanco pequeño troceado
3 **puerros** cortados en trozos
2 **mazorcas** cortadas en tajadas
2 **plátanos** verdes partidos en trozos
2 **yucas** pequeñas troceadas
1 gajo de **cebolla** larga
2 dientes de **ajo** grandes picados
1 taza de **hogao**
6 **papas** peladas, **sal** y **pimienta**
Cilantro, **perejil**, **color** y **comino**

Preparación

1- Poner la costilla cortada en trozos en una olla a presión, cubrir con agua y cocinar durante 30 minutos. Retirar los trozos de costilla y verter el caldo en una olla grande y honda. Añadir agua hirviendo, agregar las verduras y las hierbas y sazonar con comino, color, sal y pimienta.

2- Incorporar el pollo y la cola de cerdo cortada en trozos y cocinar hasta que el pollo esté tierno. Retirarlo de la olla y continuar la cocción hasta que todo esté blando, despojando la superficie de las impurezas que flotan. Agregar de nuevo las costillas y el pollo y cocinar 5 minutos más.

3- Colocar todos los ingredientes sólidos en grupitos en una bandeja de servir y rociar todo con el hogao. Servir el caldo aparte, en tazas para sopa.

CONEJO CON SALSA DE AJO

Ingredientes para 6 personas:

1 **conejo** cortado en presas
8 dientes de **ajo**
El jugo de 1 **limón**
3 cucharadas de **aceite**
1 taza de **aceite**
1 astilla de **canela**
1 hoja de **laurel**
½ taza de **mayonesa**
1 cucharada de **perejil** picado
Sal y **pimienta**

1- Lavar y secar el conejo y colocarlo en un recipiente grande. Sazonar con sal y pimienta y dejar aparte. Poner en un cuenco 2 dientes de ajo machacados, el jugo de limón y las 3 cucharadas de aceite. Rociar el conejo con esta mezcla y dejar macerar durante 2 horas.

2- Calentar la taza de aceite en una sartén grande, junto con la canela, el laurel y 4 dientes de ajo pelados. Escurrir las presas de conejo del líquido de maceración y freírlas en el aceite caliente, lentamente, para que se hagan bien por dentro y queden doradas por fuera.

3- Machacar los ajos restantes y mezclarlos con la mayonesa y el perejil. Servir el conejo recién frito con la mayonesa en un cuenco aparte.

Preparación

MUCHACHO RELLENO

Ingredientes para 4 personas:

2 libras de **carne** de muchacho
2 **huevos** duros
3 tiras de **jamón** o tocineta
1 diente de **ajo**
2 **cebollas** cabezonas grandes
3 **zanahorias**
1 tallo de **apio**
1 hoja de **laurel**
6 cucharadas de **aceite**
1 taza de **caldo** de res
1 vasito de **vino** tinto seco
8 granos de **pimienta** negra
Sal y **perejil**

Preparación

1- Con la aguja de mechar, hacer unos cortes para abrir espacio en el muchacho e introducir con cuidado los huevos pelados.

2- Machacar en el mortero el ajo, el perejil y la sal y rociar con un poquito de vino. Embadurnar las tiras de jamón o tocineta con este preparado y mechar la carne con ellas.

3- Atar la carne y freírla en una olla con el aceite caliente, hasta que esté dorada por todas partes. Agregar los demás ingredientes, tapar y dejar cocinar hasta que la carne esté tierna. Retirar la carne y dejar enfriar. Pasar toda la salsa por un prensapuré o licuadora y servir la carne en tajadas finas con la salsa.

POLLO A LA ANTIOQUEÑA

Ingredientes para 6 personas:

1 **pollo** cortado en presas
3 oz de **tocineta** fresca
1 **cebolla** cabezona, picada
2 hojas de **laurel**
2 **zanahorias** cortadas en trocitos
2 oz de **jamón** picado
2 ramitas de **perejil** picado
1 taza de **caldo**
1 copita de **ron**
2 cucharadas de **mantequilla**
Sal y **pimienta**
Daditos de **pan**, fritos en mantequilla

Preparación

1- Mechar el pollo con la tocineta y ponerlo en una cacerola. Añadir todos los ingredientes restantes, excepto el caldo y la mantequilla, y dejar macerar durante 2 horas.

2- Calentar la mantequilla y dorar las presas de pollo. Cubrirlas con los ingredientes de la maceración, rociar con el caldo y cocinar durante 1 hora o hasta que el pollo esté tierno.

3- Colocar las presas de pollo en una fuente de servir. Licuar la salsa y cocinarla lentamente durante unos 5 minutos. Cubrir las presas con la salsa y servir con los daditos de pan.

TAMALES TOLIMENSES

Ingredientes para 6 personas:

½ lb de **tocineta**
1 lb de carne de **cerdo** picada
3 **cebollas** largas, picadas
5 oz de **arroz** blanco
6 oz de **arvejas** cocinadas
6 oz de **maíz** blanco trillado
Hojas de **plátano**
½ **gallina** deshuesada y picada
1 lb de **papas** picadas
4 oz de **zanahorias** en tajadas
2 **huevos** duros, 2 dientes de **ajo**
Achiote o color al gusto
Sal, **pimienta** y **comino**

1- Cocinar el cuero de la tocineta junto con la carne de cerdo en cinco tazas de agua con sal, durante 20 minutos. Guardar las carnes y el caldo, por separado. Freír las cebollas y los ajos, picados, con los gordos de la tocineta. Agregar achiote al gusto y revolver con el arroz y las arvejas. Mezclar con la masa de maíz, remojada y molida, y dejar reposar.

2- Engrasar las hojas de plátano, ligeramente cocinadas, y poner una capa de la masa preparada. Colocar encima la tocineta, la carne de cerdo, la gallina sazonada con sal, pimienta y comino, las papas, las zanahorias y los huevos en tajadas.

3- Cubrir con otra capa de masa y formar los tamales, recogiendo bien las hojas, amarrándolos fuerte para que no entre agua. Ponerlos a cocinar en el caldo reservado, bien cubiertos, durante 2 o 3 horas, a fuego bajo. Si fuera necesario, añadir más agua caliente.

Preparación

VIUDO DE BOCACHICO

Ingredientes para 8 personas:

3 **bocachicos** medianos limpios
8 tazas de **caldo** de pollo
1 tallo de **cebolla** larga
1 rama pequeña de **cilantro**
3 **plátanos** verdes
1 lb de **papa** pelada parcialmente
1 lb de **yuca**
1 lb de **arracachas**
1 lb de **auyama**
1½ tazas de **hogao**
6 cucharadas de un picadillo de
cebolla larga y **cilantro**
Sal y **pimienta** al gusto

Preparación

1- Poner en una olla grande al fuego el caldo, la cebolla y el cilantro picados y condimentar con sal y pimienta.

2- Cuando empiece a hervir el agua añada los plátanos, pelados y cortados en dos en sentido longitudinal. Continuar la cocción durante 10 minutos.

3- Agregar las papas, la yuca, las arracachas y la auyama, peladas y cortadas en trozos medianos y cocinar unos 20 minutos.

4- Incorporar el pescado y cocinar a fuego lento, con la olla tapada, 15 minutos más o hasta que los ingredientes estén tiernos. Servir con el picadillo de cebolla y cilantro por encima y rociado con el hogao.

CORONA DE TOMATE DE ÁRBOL

Ingredientes para 6 personas:

10 **tomates de árbol**
2 cucharadas de **gelatina** sin sabor
6 claras de **huevo**
¼ de lb de **azúcar**

Preparación

1- Poner ½ taza de agua hirviendo en un recipiente y disolver en él la gelatina

2- Mientras tanto, licuar los tomates y colarlos, formando una pasta suave.

3- Batir las claras a punto de nieve fuerte, añadir, poco a poco, el azúcar y el jugo de la fruta, sin dejar de batir, e incorporar, con movimientos envolventes, la gelatina disuelta.

4- Verter en un molde de corona levemente engrasado y dejar reposar en el refrigerador hasta que esté totalmente cuajado. Desmoldar y servir decorado con crema de leche batida.

MAZAMORRA

Ingredientes para 6 personas:

1 lb de **maíz** peto
1 **panela**
5 tazas de **leche**

Preparación

1- Poner el maíz en remojo la víspera, en 6 tazas de agua. Cocinar en el agua del remojo, durante 2 horas aproximadamente.

2- Raspar finamente la panela con la ayuda de un cuchillo de hoja lisa. Incorporar la panela raspada a la olla con el maíz y cocinar durante 15 minutos más.

3- Añadir la leche hervida (esto evitará que se corte con el maíz peto) y una vez que vuelva a hervir, apagar el fuego y dejar reposar durante 5 minutos antes de servir. Se puede espolvorear con un poco más de panela rallada por encima, para que quede más dulce.

PONQUÉ NEGRO

Ingredientes para 6 personas:

1 lb de **mantequilla**
1 lb de **azúcar**
10 **huevos**
1 cucharada de ralladura de **naranja**
1 cucharada de ralladura de **limón**
¼ de cucharadita de **nuez moscada**
¼ de cucharadita de **clavo** en polvo
½ taza de tintura de **panela**
1 cucharadita de **canela** en polvo
1 lb de **harina** de trigo
2 cucharaditas de **polvo de hornear**
2 lb de **frutas cristalizadas**
½ taza de **vino** dulce

Preparación

1- Batir la mantequilla con el azúcar hasta obtener una mezcla cremosa y agregar los huevos de uno en uno. Cuando estén bien incorporados, añadir la ralladura de la naranja y del limón, la nuez moscada, el clavo y la tintura de panela.

2- Incorporar, poco a poco la harina cernida junto con el polvo de hornear y la canela y batir hasta que la mezcla esté homogénea.

3- Añadir las frutas picadas y mezclar todo bien. Verter la mezcla en un molde engrasado y espolvoreado con harina e introducirlo en el horno, precalentado a 350 ºF (180 ºC), durante 2 horas. Retirar del horno, dejarlo enfriar y bañarlo con el vino.

POSTRE DE CAFÉ

Ingredientes para 6 personas:

4 **huevos** separadas las yemas de las claras
1 cucharada de **café** instantáneo
½ taza de **leche**
1 taza de **azúcar**
½ taza de **agua**
1 sobre de **gelatina** sin sabor
¼ de lb de **crema de leche** batida

Preparación

1- Batir las yemas junto con una cucharada de azúcar en un recipiente. Agregar el café instantáneo disuelto en la leche y revolver.

2- A continuación, verter la mezcla en una cacerolita al fuego y cocinar, sin dejar de revolver, hasta que espese, cuidando de que no hierva, ya que se podría cortar. Cuando haya espesado, retirar del fuego y dejar enfriar.

3- Mientras tanto, cocinar el azúcar restante con el agua hasta que se forme un almíbar espeso. Dejar enfriar ligeramente e incorporarlo a la crema de café.

4- Seguidamente, batir las claras a punto de nieve fuerte y añadirlas a la crema de café, revolviendo con cuidado. Incorporar la gelatina disuelta en un poquito de agua y verter en un molde de corona. Introducir en el refrigerador hasta que esté bien cuajado. Desmoldar y decorar con la crema de leche.

ARROZ CON POLLO

Ingredientes para 6 personas:

2 tazas de **arroz**
1 **pollo** cortado en presas
2 dientes de **ajo** picados
1 **cebolla** finamente picada
2 cucharadas de **aceite**
¼ de cucharada de **achiote**
2 **tomates** en rodajas
2 **zanahorias** en rodajas
1 ramita de **apio**
1 cucharada de **culantro**
1 taza de **arvejas**
1 **pimiento** verde cortado en tiras
12 **aceitunas**, **sal**

Preparación

1- Calentar 1 cucharada de aceite en una olla al fuego, agregar los ajos y la cebolla y rehogar hasta que esta última esté transparente. Añadir el pollo y el achiote y freír hasta que el pollo esté bien dorado.

2- Agregar 2 tazas de agua, los tomates, las zanahorias, el apio, el culantro, las arvejas y dos o tres tiras de pimiento. Salar, tapar la olla y cocinar durante 20 minutos. Seguidamente, retirar el pollo, deshuesarlo y volverlo a poner en la olla. Con los huesos del pollo y 2 tazas de agua, preparar un caldo en otro recipiente.

3- Calentar el aceite restante en una sartén y rehogar el pimiento. Añadir el arroz, freírlo ligeramente e incorporarlo a la olla junto con las aceitunas y el caldo preparado anteriormente con los huesos de pollo. Tapar y cocinar hasta que todo esté en su punto.

SOPA DE PESCADO

Ingredientes para 6 personas:

1 lb de espinas y cabezas de **pescado**
Unas hojas de **apio**
3 tazas de **agua**
3 tazas de **leche**
2 cucharadas de **aceite**
1 diente de **ajo**
1 **cebolla**
2 hojas de **laurel**
1 lb de filetes de **pescado**
2 **plátanos** verdes
Sal y **pimienta**

Preparación

1- Poner las espinas y cabezas de pescado en una olla, con el apio. Añadir el agua y la leche, salpimentar y cocinar durante 1 hora. Calentar el aceite en otra olla y rehogar el ajo y la cebolla, previamente picados, hasta que la cebolla esté transparente. Añadir el laurel y los filetes de pescado cortados en cuadritos. Salar ligeramente, rehogar todo junto durante 5 minutos y retirar del fuego.

2- Seguidamente, pelar, cortar los plátanos en rodajas gruesas y freírlas en aceite caliente hasta que estén doraditas. Retirar las rodajas con una espumadera y aplastarlas. Volver de nuevo a freír hasta que estén bien crujientes y dejar escurrir.

3- Por último, colar el caldo obtenido con las espinas de pescado y verter sobre el pescado rehogado. Añadir los patacones y calentar de nuevo. Servir con perejil picado por encima.

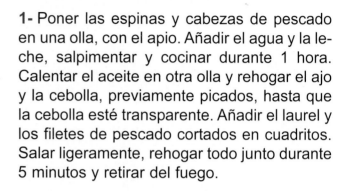

PESCADO CON SALSA NEGRA

Ingredientes para 6 personas:

8 filetes de **corvina**, 4 dientes de **ajo**
1 **tomate** picado, 1 **cebolla** picada
2 cucharadas de **culantro** fresco
½ taza de **vino** blanco
Sal y **pimienta**
Para la salsa negra:
¼ de taza de **aceite**
2 dientes de **ajo**, 2 **puerros** picados
2 tazas de **fríjoles** negros
½ taza de **vino** blanco
1 taza de **crema de leche**
Sal de ajo, **sal** y **pimienta**

Preparación

1- Lavar los filetes de pescado, colocarlos en una fuente de horno, espolvorearlos con los ajos majados y sazonar con sal y pimienta. Cubrirlos con el tomate, la cebolla y el culantro. Rociar con el vino e introducir en el horno, precalentado a 375 ºF (190 ºC) durante 15 minutos.

2- Mientras tanto, preparar la salsa. Calentar el aceite y rehogar los ajos majados y los puerros a fuego lento hasta que estén transparentes. Añadir los fríjoles, cocinados y hechos puré, y revolver.

3- Incorporar el vino y la crema, sazonar con sal de ajo, sal y pimienta y cocinar hasta conseguir una consistencia mediana. Por último, servir el pescado con la salsa negra y decorado con maíz o al gusto.

BERENJENAS CUBANAS

Ingredientes para 4 personas:

2 lb de **berenjenas**
3 oz de **manteca**
1 **cebolla** picada
3 **tomates** pelados sin semillas y picados
3 oz de **jamón** picado
2 **huevos**
3 cucharadas de **pan** rallado
Sal

1- Pelar las berenjenas, cortar en trozos y poner en una olla con agua y sal. Cocinar hasta que estén tiernas, colocar en un escurridor, apretando con las manos para que suelten todo el agua, poner en un recipiente y triturarlas hasta formar un puré.

2- Calentar la manteca en una sartén al fuego y freír la cebolla y los tomates durante 5 minutos. Incorporar el jamón, revolver, y añadir el puré de berenjenas. Cocinar, revolviendo, durante unos minutos. Apartar del fuego y añadir los huevos previamente batidos y 2 cucharadas de pan rallado.

3- Verter la mezcla en un molde engrasado, espolvorear con el pan rallado restante e introducir en el horno, precalentado a 350 ºF (180 ºC) hasta que esté cuajado y la superficie dorada.

Preparación

CAMARONES BORRACHITOS

Ingredientes para 6 personas:

1½ lb de **camarones**
2 cucharadas de **aceite**
½ taza de **ron** añejo
2 dientes de **ajo**
1 taza de **puré de tomate**
El jugo de 1 **limón**
1 cucharadita de **curry**
Sal y **pimienta** molida

Preparación

1- Pelar los camarones crudos y quitar la vena negra. Calentar el aceite en una sartén y freír los camarones hasta que comiencen a ponerse rosados. Sacar escurridos, colocarlos en un recipiente con el ron y reservar.

2- Poner en la misma sartén de freír los camarones el ajo machacado, cuando comience a dorarse, agregar el puré de tomate, el jugo de limón, el curry, sal y pimienta y cocinar 5 minutos. Licuar la salsa.

3- Colocar la salsa de nuevo en la sartén, cocinar 3 minutos e incorporar los camarones. Cocinar 2-3 minutos y servir enseguida acompañados con arroz blanco.

SOPA DE ELOTE

Ingredientes para 6 personas:

4 tazas de granos de **elote**
2 tazas de **caldo de pollo**
1 taza de **crema de leche**
2 **huevos**
2 cucharadas de **perejil** fresco picado
Sal y **pimienta**

Preparación

1- Poner los granos de elote en una licuadora. Añadir el caldo y licuar bien hasta obtener un puré homogéneo. Verter el puré obtenido en una olla al fuego. Agregar la crema de leche y revolver bien con una cuchara de madera, cocinando durante 5 minutos.

2- Seguidamente, colar el puré, verterlo de nuevo en la olla y sazonar con sal y pimienta.

3- Por último, batir los huevos en un recipiente. Añadirles un poco del puré previamente preparado, batir bien e incorporarlos a la olla. Calentar sin dejar de revolver con una cuchara de madera y servir decorando la superficie con el perejil picado.

LANGOSTA RELLENA

Ingredientes para 4 personas:

2 **langostas** de 2 lb cada una
Un compuesto de **hierbas
aromáticas** (bouquet garni)
3 cucharadas de **aceite**
3 **cebollines** picados
3 **cebollas** pequeñas picadas
5 ramitas de **perejil** fresco picado
1 ramita de **tomillo** fresco picado
1 **pimiento** verde picado
½ lb de **champiñones** picados
El jugo de 1 **limón**
6 cucharadas de **salsa de curry**
Sal y **pimienta** negra recién molida

1- Poner una olla al fuego con abundante agua, sal y el compuesto de hierbas. Cuando rompa a hervir, sumergir las langostas y cocinarlas durante 15 minutos. Cuando se enfríen, cortarlas por la mitad, en sentido longitudinal, y extraer por un lado la cola, reservándola, y después toda la carne del cuerpo, desechando el intestino y la vesícula.

2- Preparar un sofrito con los cebollines, las cebollas, el perejil, el tomillo, el pimiento y los champiñones. Cuando todo esté bien tierno, sazonar con sal y pimienta troceada, y agregar la carne de la langosta troceada. Añadir el jugo de limón y la salsa de curry y revolver.

3- Por último, rellenar los caparazones con la farsa preparada e introducir en el horno, con el broiler encendido, durante unos minutos, para que se dore. Retirar del horno, colocar sobre la superficie las colas reservadas, cortadas en medallones, y servir.

Preparación

ROPA VIEJA

Ingredientes para 4 personas:

1 lb de carne de **res**
2 cucharadas de **manteca**
2 dientes de **ajo** picados
2 **cebollas** finamente picadas
1 cucharada de **perejil** fresco picado
1 **pimiento** verde y 1 rojo picados
3 **tomates** pelados y picados
1 cucharada de **harina** de trigo
2 **huevos**
Comino, **orégano** y **laurel**
Sal

Preparación

1- Poner la carne entera en una olla, cubrir con abundante agua, salar y cocinar hasta que esté blanda.

2- Sacar la carne y cuando pierda el exceso de calor, cortarla y deshilacharla.

3- Calentar en una sartén la manteca y sofreír los ajos junto con las cebollas, el perejil, los pimientos y los tomates. Incorporar el comino, el orégano y el laurel al gusto y, cuando todo esté bien rehogado, espolvorear por encima la harina y sofreír, revolviendo. A continuación, añadir los huevos batidos, revolver, y cocinar todo junto hasta que cuajen ligeramente.

ARROZ CON CAFÉ

Ingredientes para 4 personas:

2 l de **leche**
½ taza de **azúcar**
½ taza de **arroz**
½ taza de **café** concentrado
½ taza de **pasas**

Preparación

1- Poner la leche en una olla al fuego junto con el azúcar y cocinar durante unos minutos. Lavar el arroz bajo el chorro del agua fría, escurrirlo bien con un colador y agregarlo a la leche. Cocinar a fuego lento, revolviendo frecuentemente.

2- Cuando el arroz esté casi en su punto, incorporar el café, mezclar bien y terminar la cocción.

3- Por último, retirar del fuego, verter en un recipiente y servir con las pasas, frío o caliente, al gusto.

DULCE DE CASCOS DE LIMÓN

Ingredientes para 10 personas:

20 **limones** verdes grandes
1 l de **agua**
1½ lb de **azúcar**

Preparación

1- Lavar bien los limones y si lo desea, rallar ligeramente las cáscaras para desamargarlos. Cortarlos por la mitad y retirar la pulpa con ayuda de una cucharita. Desechar la pulpa.

2- Colocar los cascos en un recipiente, cubrirlos con agua y dejar hervir. Retirar el agua, cubrirlos de nuevo con agua limpia y repetir la operación. Escurrirlos de nuevo.

3- Colocarlos en una paila de cobre, agregar el litro de agua y el azúcar y cocinarlos a fuego lento hasta que estén tiernos. Verterlos en un recipiente de vidrio y dejarlos enfriar antes de servir.

CEVICHE DE CAMARONES

Ingredientes para 6 personas:

1 lb de **camarones** frescos
1 lb de **cebolla** paiteña picada con plumitas
El jugo de 4 **limones**
1 cucharadita de **perejil** picado
Salsa de tomate de botella
Unas gotas de **ají**
Aceite de mesa

Preparación

1- Lavar y pelar los camarones. Hacer a cada uno un corte en el lomo, de la cabeza hacia la cola, y retirar la venita negra. Lavarlos nuevamente y ponerlos en una olla.

2- Verter encima agua hirviendo hasta que apenas los cubra y cocinarlos durante 1 minuto. Reservar aparte los camarones y el agua de la cocción.

3- Para preparar el ceviche poner en un recipiente la cebolla previamente encurtida en el jugo de limón y colocar encima los camarones. Dejarlos reposar durante 15 minutos, añadir el perejil y la cantidad de salsa de tomate suficiente para que los cubra y verter un poco del agua en que los cocinó. Agregar unas gotas de ají y un chorro de aceite de mesa. Servir el ceviche acompañado con maíz tostado y pan.

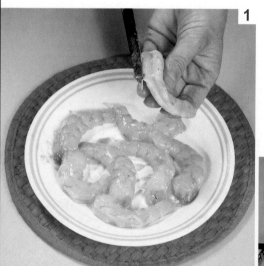

EMPANADAS DE VIENTO

Ingredientes para 6 personas:

1 taza de **harina**
½ taza de **mantequilla**
¼ de taza de **agua mineral con gas**
½ cucharadita de **sal**
Para el relleno:
½ taza de **queso** con sal
1 cucharada de **cebolla** blanca picada
Aceite para freír

Preparación

1- Mezclar la harina con la mantequilla y agregar el agua con sal. Formar una masa uniforme y dejar en reposo unos 10 minutos.

2- Rallar el queso en un recipiente de cristal y mezclarlo con la cebolla. Con la masa formar unas bolas de un mismo tamaño y extenderlas utilizando un rodillo. Colocar una cucharadita del relleno en el centro de la masa.

3- Cerrar las empanadas presionando los bordes, aplastar con un tenedor los filos y freírlas en abundante aceite.

SOPA ESMERALDEÑA

Ingredientes para 4 personas:

½ taza de **aceite**
2 dientes de **ajo**
½ **cebolla** paiteña
1 cabeza de **pescado** y espina
1 tallo de **apio**
¼ de taza de **alverjas**
¼ de taza de **zanahorias**
2 **plátanos** verdes
4 **camarones** cocidos y picados
12 **mejillones** cocidos y picados
12 **almejas** cocidas y picadas
1 cucharada de **perejil** picado
Sal y **pimienta**

Preparación

1- Poner la mitad del aceite en una sartén y freír los ajos y la cebolla, previamente picados, hasta que estén bien sancochados.

2- Cocinar en una olla con un litro de agua la cabeza y la espina de pescado, junto con el apio y sal y pimienta durante ½ hora. Colar el caldo y retirar la carne de la espina y la cabeza. Poner el caldo de nuevo al fuego, añadir el sofrito de ajo y cebolla y cocinar las alverjas y las zanahorias, cortadas en dados, hasta que estén tiernas. Agregar la carne del pescado y reservar.

3- Con los plátanos cocidos con sal y majados, formar bolas rellenándolas con los camarones, mejillones, almejas y perejil.

4- Calentar el aceite sobrante en una sartén al fuego y freír las bolas. Colocarlas en un plato de servir y cubrir con la sopa preparada, bien caliente.

90

ANILLOS EN SALSA DE COCO

Ingredientes para 4 personas:

2 cucharadas de **aceite**
2 dientes de **ajo** picados
½ taza de **cebolla** picada
1 **pimiento rojo** cortado en tiras
1 **pimiento verde** cortado en tiras
1 lb de anillos de **calamar** en dados
1 taza de **agua de coco**
1 **tomate** pelado y cernido
¼ de taza de **leche de coco**
Sal y **pimienta**

Preparación

1- Calentar el aceite en una sartén y preparar un sofrito con los ajos, la cebolla y los pimientos, cocinándolos durante 2 minutos.

2- Cocinar los calamares en el agua de coco, colar y conservar el agua. Añadir los calamares al sofrito y cocinar durante 15 minutos. Agregar el tomate y cocinar hasta que la salsa espese.

3- Incorporar el agua de coco y sazonar con sal y pimienta. Una vez que los calamares estén tiernos, retirar del fuego, agregar la leche de coco, rectificar la sazón y servir acompañado de arroz dorado y papas.

CARNE COLORADA

Ingredientes para 4 personas:

1 lb de carne de **res**
2 dientes de **ajo**
1 **cebolla** paiteña mediana
1 cucharada de **achiote** en pepa
½ cucharadita de **comino** en pepa
1 cucharadita de **orégano**
1 cucharada de jugo de **limón**
4 cucharadas de **chicha de jora**
2 cucharadas de **manteca** de cerdo
1 lb de **papas** fritas a la francesa
2 **plátanos** maqueños
2 **aguacates** cortados en cuatro
Sal

Preparación

1- Cortar la carne en tiras y éstas en dados. Poner en la licuadora los ajos junto con la cebolla, el achiote, el comino, el orégano, el jugo de limón, la chicha y sal y batir hasta obtener una masa espesa.

2- Sazonar la carne con esta preparación y dejar reposar durante 1 hora.

3- Calentar la manteca en una sartén al fuego y freír lentamente la carne hasta que esté dorada y tierna por dentro. Servir con las papas, los plátanos cortados en trozos pequeños y fritos, y los aguacates.

94

HORNADO

Ingredientes para 15 personas:

1 pierna de **cerdo** con cuero de 10 lb
20 dientes de **ajo**
6 cucharadas de **sal**
2 cucharadas de **pimienta** molida
3 cucharadas de **comino** molido
1 litro de **chicha** o cerveza
Manteca de cerdo
Achiote

1- Limpiar la pierna, hacer incisiones profundas y abrirlas. Mezclar la sal, la pimienta y el comino, y fregar con estos aliños toda la pierna; introducir los dedos en los orificios que se hicieron y untar las paredes internas. Repetir esta operación con los ajos machacados.

2- Dejar la pierna en el refrigerador 24 horas. Añadir la chicha y volver a dejar en el refrigerador durante 2 días más. Voltearla cada 3 horas. Cuando se vaya a asar, precalentar el horno a 400 °F (200 °C) y ponerla con todo su jugo durante 20 o 30 minutos hasta que se concentren los aliños.

3- Sacarla del horno y bañarla con abundante achiote derretido en manteca de cerdo. Llevarla nuevamente al horno y asarla volteándola varias veces hasta que esté bien cocida y dorada, unas 2½ horas. Antes de sacar la pierna del horno, se debe rociar con agua muy fría para que el cuero se reviente.

Preparación

SUSPIROS

Ingredientes para 6 personas:

4 claras de **huevo**
1 lb de **azúcar** pulverizada
2 cucharadas de jugo de **limón**

Preparación

1- Batir las claras a punto de nieve.

2- Agregar, poco a poco, el azúcar y sin dejar de batir, incorporar el jugo de limón.

3- Engrasar una lata de horno. Verter la preparación en la manga pastelera con boquilla. También puede utilizarse una cucharita. Formar montoncitos sobre la lata engrasada, separados entre sí, e introducir la lata en el horno, precalentado a 250 ºF (100 ºC), durante 1 hora, para que los merengues se sequen. Si comienzan a dorarse antes de secarse, abrir la puerta del horno y dejarlos hasta que se sequen.

TORTA DE COCO

Ingredientes para 8 personas:

1 lb de **mantequilla**
1 lb de **azúcar**
4 **huevos**
1½ lb de **harina**
¾ de taza de **leche de coco**
1 taza de **leche** fría de vaca
1 clara de **huevo**
½ lb de **azúcar** pulverizada
½ lb de **coco** rallado

Preparación

1- Batir la mantequilla junto con el azúcar, hasta conseguir una crema suave.

2- Agregar los huevos, de uno en uno, sin dejar de batir.

3- Incorporar la harina, alternándola con la leche de coco y la de vaca. Verter la preparación en un molde engrasado y enharinado e introducir en el horno, precalentado a 300 ºF (150 ºC), durante 45 minutos. Pinchar el centro de la torta con una aguja para saber si está cuajada. La aguja tiene que salir limpia. Retirarla del horno, dejarla enfriar ligeramente y desmoldarla. Batir la clara a punto de nieve, agregarle el azúcar pulverizada y batir de nuevo. Cubrir con este merengue la torta y espolvorear toda la superficie con el coco rallado.

ENROLLADO DE ATÚN

Ingredientes para 6 personas:

1 taza de **harina** de trigo
¼ de taza de **queso** suave rallado
3 o 4 cucharadas de **agua** helada
¼ de taza de **margarina**, **sal**
2 cucharadas de **mantequilla**
2 cucharadas de **cebolla** picada
1 cucharada de **harina** de trigo
¼ de taza de **leche** evaporada
1 lata de **atún** en aceite
¼ de taza de **perejil** fresco picado
1 **huevo** batido
1 cuchara de **mejorana**, **comino** y **pimienta**

Preparación

1- Poner en un recipiente la taza de harina, el queso, el agua, la margarina y ½ cucharadita de sal, trabajar con las manos hasta formar una masa suave y homogénea y dejar reposar 30 minutos.

2- Mientras tanto, preparar el relleno. Rehogar la cebolla con la mantequilla. Agregar la cucharada de harina, revolver, e incorporar la leche, la mejorana, el comino y sal y pimienta al gusto. Cocinar revolviendo hasta que ligue y apartar del fuego. Añadir el atún previamente escurrido y desmenuzado, el perejil finamente picado y el huevo batido.

3- Extender la masa, colocar el relleno en el centro y envolver, formando un paquete. Pintar la superficie con huevo batido e introducir en el horno, precalentado a 375 ºF (190 ºC) durante 25 minutos. Acompañar con una salsa blanca o bechamel aromatizada.

ROLLO DE CARNE RELLENO

Ingredientes para 6 personas:

2 lb de **sobrebarriga**
½ lb de **arroz**
½ lb de **carne** molida de cerdo
1 **cebolla** picada
2 dientes de **ajo** machacados
4 cucharadas de **aceite**
2 cucharadas de **perejil** picado
1 cucharadita de **comino** en polvo
1 **tomate** grande picado
Sal y **pimienta**

Preparación

1- Lavar el arroz, escurrirlo bien y mezclarlo con la carne molida, la mitad de la cebolla, 1 diente de ajo, 1 cucharada de aceite, el perejil, el comino y sal y pimienta al gusto.

2- A continuación, extender la sobrebarriga sobre la mesa y sazonarla con sal y pimienta por ambos lados. Cubrir la carne con una capa del relleno preparado, distribuyéndolo bien y enrollar la sobrebarriga. Atarla bien y coser los extremos para que no se salga el relleno.

3- Por último, calentar el aceite restante y dorar el rollo de carne por todos los lados. Añadir la cebolla y el ajo restantes y el tomate. Cubrir con agua, salar ligeramente y cocinar a fuego lento hasta que la carne esté bien tierna. Dejar enfriar y servir en lonchas finas, acompañado de ensaladilla rusa o ensalada.

PONCHE DE NAVIDAD

Ingredientes para 10 personas:

6 **huevos** separadas las yemas de las claras
1 taza de **azúcar**
1 vaso grande de **brandy** o whisky
1 vaso grande de **ron**
6 tazas de **crema de leche** batida
½ taza de **azúcar** pulverizada (glass)

Preparación

1- Batir las yemas hasta que estén blanquecinas y espumosas. Añadir el azúcar y seguir batiendo hasta que se disuelva. Agregar el brandy y el ron y continuar batiendo hasta que estén bien integrados.

2- Seguidamente, batir las claras a punto de nieve fuerte. Hacer 2 partes y, a una de ellas, incorporarle la crema de leche batida, con mucho cuidado y movimientos envolventes y a la otra parte de claras, agregarles el azúcar pulverizada, batiendo para que queden muy duras.

3- Por último, incorporar a las yemas las claras mezcladas con crema y, cuando estén bien amalgamadas, agregar las claras con azúcar. Decorar al gusto y servir.

SEVICHE

Ingredientes para 2 personas:

10 **ostras**
1 **cebolla** finamente picada
1 diente de **ajo** finamente picado
1 cucharada de **hierbabuena** picada
El jugo de 2 **limones**
Sal y **pimienta**

Preparación

1- Lavar bien las ostras y abrirlas con mucho cuidado. Retirar la carne y reservar las conchas. Picarlas finamente y poner en un recipiente.

2- Añadir la cebolla, el diente de ajo, la hierbabuena, sal y pimienta, rociar con el jugo de limón y mezclar todo bien.

3- Por último, llenar las conchas de las ostras con la mezcla preparada y servir.

CARNE EN JOCÓN

Ingredientes para 6 personas:

4 cucharadas de **aceite**
1 **cebolla** mediana picada
2 dientes de **ajo** picados
1 **pimiento rojo** cortado en trozos
1 **pimiento verde** cortado en trozos
3½ lb de **carne** magra
1 lata de ½ lb de **tomates verdes**
4 **tomates**
1 hoja de **laurel**, 2 **clavos de olor**
½ cucharadita de **orégano**
½ taza de **caldo de carne**
2 cucharadas de **fécula de maíz**
Sal y **pimienta**

Preparación

1- Calentar el aceite en una olla y rehogar la cebolla, los ajos y los pimientos, hasta que la cebolla esté tierna.

2- A continuación, añadir la carne, cortada en cuadraditos, las dos clases de tomates, picados y todos los ingredientes restantes, excepto la fécula de maíz, y revolver. Tapar y cocinar a fuego lento hasta que la carne esté tierna.

3- Por último, diluir la fécula de maíz en un poquito de agua, añadirla a la olla y cocinar hasta que la salsa esté ligada y espesita, y servir con arroz blanco.

CUQUES

Ingredientes para 6 personas:

1 lb de **harina** de trigo
2 cucharaditas de **polvo de hornear**
1 taza de **azúcar** pulverizada
2 **huevos**
4 cucharadas de **mantequilla**
derretida
½ taza de **leche**

Preparación

1- Mezclar la harina, el polvo de hornear y el azúcar y cerner 2 veces. Añadir los huevos, la mantequilla y la leche y trabajar con las manos hasta obtener una masa suave y homogénea.

2- Seguidamente, extender la masa, dejándola no muy fina, y cortar tiras de 1 cm de ancho y 4 cm de largo.

3- Por último, colocar las tiras en una lata de horno, previamente engrasada, separándolas entre sí para que no se peguen. Pintarlas con yema batida con un poco de leche, e introducir en el horno precalentado a 400 ºF (200 ºC), hasta que estén cocidas y doradas.

BOLAS DE ESPINACAS

Ingredientes para 6 personas:

2 tazas de **espinacas** cocidas
2 cucharadas de **margarina** derretida
2 **huevos**
2 tazas de **pan** molido
2 cucharadas de **cebolla** picada
2 cucharadas de **queso** de bola rallado
Nuez moscada
Aceite para freír
Sal y **pimienta**

Preparación

1- Poner en un recipiente las espinacas, escurridas y picadas, junto con la margarina, 1 huevo, 1 taza de pan rallado, la cebolla y el queso. Sazonar con nuez moscada, sal y pimienta, y mezclar todo bien.

2- A continuación, formar unas bolas y pasarlas por pan molido, seguidamente por el huevo restante, previamente batido, y de nuevo por pan molido.

3- Por último, freír las bolas en abundante aceite caliente hasta que estén bien doradas y servir calientes, decorándolas al gusto.

NACATAMAL

Ingredientes para 10 tamales:

2 lb de **maíz**, 2 cucharadas de **cal**
¾ de lb de **manteca**, 2 taza de **caldo**
2 dientes de **ajo**, 1 **cebolla**
1 **pimiento rojo**, 1 **pimiento verde**
1 cucharadita de **perejil** fresco
1 pizca de **color**, 1 pechuga de **pollo**
1 lb de carne de **cerdo**, 2 **tomates**
½ taza de **garbanzos** cocidos
4 cucharadas de **alcaparras**
2 **papas** cocidas y picadas
12 **aceitunas** rellenas
½ taza de **arroz** cocido, **pimienta**
10 trozos de **hojas de plátano**, **sal**

Preparación

1- Poner la cal junto con el maíz, en agua hirviendo, y cocinar a fuego lento hasta que se desprenda la piel del grano. Enjuagar con abundante agua y dejar reposar, cubierto con agua 3 días, cambiando el agua cada día. Moler el maíz, agregar ½ lb de manteca y sal, y amasar, poniendo poco a poco el caldo, hasta que la masa esté suave y homogénea.

2- En la manteca restante, sofreír los ajos, la cebolla, los pimientos, el perejil y los tomates, todo picado, el color, sal y pimienta. Añadir las carnes, cocinadas y picadas, y los ingredientes restantes y cocinar durante unos minutos.

3- Preparar las hojas de plátano, dándoles forma rectangular. Poner un poco de masa en cada hoja. Sobre ésta, un par de cucharadas de relleno y otro poco de masa. Envolver bien, atar con bramante y cocinar en agua con sal durante 30 minutos.

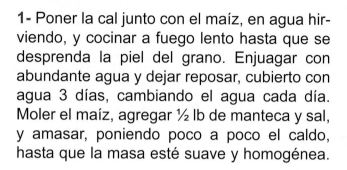

PANQUEQUE DE BANANO

Ingredientes para 6 personas:

1 taza de **harina** de trigo
½ taza de **azúcar**
2 cucharaditas de **polvo de hornear**
½ cucharadita de **sal**
2 cucharadas de **mantequilla** derretida
¾ de taza de puré de **banano**
1 **huevo**
¾ de taza de **leche**
Miel para acompañar

Preparación

1- Mezclar en un recipiente la harina, el azúcar, el polvo de hornear y la sal, cerner todo y reservar.

2- A continuación, poner en otro recipiente la mantequilla junto con el puré de banano, el huevo batido y la leche y mezclar bien.

3- Seguidamente, incorporar este preparado a la harina con azúcar y trabajar hasta que la mezcla esté homogénea.

4- Por último, calentar una sartén engrasada y cuajar el preparado. Darle la vuelta, cuajar por el otro lado y servir caliente, rociado con miel al gusto.

AGUACATES RELLENOS

Ingredientes para 4 personas:

2 **aguacates**
7 oz de **atún** en conserva
1 **cebolla** pequeña picada
3 oz de **chícharos**
1 cucharadita de **perejil** picado
½ **chile** muy picado
2 **huevos** duros picados
1 **jitomate** rojo muy picado
El jugo de 1 **limón**
Unas hojas de **lechuga**
4 cucharadas de **salsa rosa**
Sal

Preparación

1- Poner en un recipiente el atún y añadir la cebolla, los chícharos, el perejil, el chile, los huevos y el jitomate. Salar ligeramente, mezclar todo bien, taparlo y dejarlo reposar.

2- Introducir los aguacates durante 2 minutos en agua hirviendo. Retirarlos, cortarlos por la mitad en sentido longitudinal, retirar las pepas y pelarlos. Poner los aguacates en un plato y rociarlos con el jugo de limón para que no ennegrezcan.

3- Rellenar los aguacates con el relleno de atún y cubrirlos con 1 cucharada de salsa rosa. Colocarlos sobre un lecho de lechuga picada y servir.

ARROZ A LA MEXICANA

Ingredientes para 6 personas:

2 tazas de **arroz** de grano largo
2 **jitomates** medianos
¼ de taza de **aceite**
4 dientes de **ajo** pelados
¼ de **cebolla** troceada
4 tazas de **caldo** de pollo
1 ramita de **perejil** fresco
4 **chiles** serranos
2 **zanahorias** picadas gruesas
2 oz de **chícharos**
Sal

Preparación

1- Poner el arroz en un recipiente con agua templada y dejar reposar durante 5 minutos. Aclarar y escurrir. Triturar los jitomates en la licuadora y pasar por el chino.

2- A continuación, calentar el aceite en una olla y freír los ajos y la cebolla durante 3 minutos. Agregar el arroz y cocinar revolviendo hasta que esté transparente.

3- Añadir los jitomates licuados y cocinar durante 5 minutos. Incorporar los ingredientes restantes y cocinar a fuego lento durante 20 minutos o hasta que el arroz esté en su punto. Dejar reposar 5 minutos antes de servir.

ARROZ VERDE

Ingredientes para 4 personas:

1½ tazas de **arroz**
6 **chiles** poblanos
3½ tazas de **caldo** de gallina
1 trozo de **cebolla**
1 diente de **ajo**
1 ramita de **cilantro**
Aceite para freír
1 **huevo** cocido
Sal

Preparación

1- Asar, pelar y desvenar los chiles. Licuar 5 de ellos junto con ½ taza de caldo, la cebolla y el diente de ajo, y reservar. Calentar aceite en una olla y dorar el arroz, revolviendo.

2- Añadir los chiles licuados al arroz y cuando comience a hervir agregar el caldo restante y el cilantro. Salar y cocinar hasta que el arroz esté tierno y haya consumido el líquido. Si fuera necesario, añadir un poco de agua.

3- Cortar el chile restante en tiras y decorar el arroz con ellas y el huevo picado.

CEVICHE DE PARGO

Ingredientes para 6 personas:

1 **pargo** de 2 lb aproximadamente,
2 tazas de jugo de **limón**, 4 dientes de
ajo, 6 cucharadas de **aceite** vegetal,
4 **jitomates** grandes, 1 **cebolla**
cabezona grande, 2 **chiles** serranos
en conserva, 2 cucharadas de **cilantro**
fresco picado, ½ cucharada de
vinagre de vino, 3 cucharadas de
salsa de **tomate**, 1 cucharada de
salsa de **tabasco**, ¼ de cucharada de
orégano en polvo, **aceitunas** negras
y verdes, **sal** y **pimienta** negra

Preparación

1- Poner el pescado, limpio y cortado en trozos pequeños, a marinar en un recipiente con el jugo de limón, durante 3 horas.

2- Pelar los dientes de ajo y freírlos en el aceite, durante 4 minutos, a fuego bajo. Retirar los ajos y reservar el aceite. A continuación, picar los jitomates, la cebolla y los chiles y verter en un recipiente.

3- Añadir el pescado marinado, previamente aclarado en agua fría y los ingredientes restantes. Rociar con el aceite reservado y mezclar bien. Servir en copas, adornándolas al gusto.

CHILAQUILES CON POLLO

Ingredientes para 4 personas:

12 **tortillas** frías
1 **jitomate**
2 **chiles** anchos secos
1 **chile** de árbol
1 diente de **ajo**
½ pechuga de **pollo** cocida
1 **cebolla** en aros
½ lb de **queso** fresco
4 cucharadas de **crema de leche**
Aceite o manteca para freír
Sal

1- Cortar las tortillas en cuadritos o triángulos y freírlas en el aceite o manteca hasta que se doren. Dejarlas escurrir y reservar.

2- Asar el jitomate y tostar ligeramente los chiles anchos; poner en remojo un rato en agua y licuarlos junto con el jitomate pelado, el chile de árbol, el diente de ajo y sal. Poner 3 cucharadas de la grasa de freír las tortillas en una sartén y freír el jitomate licuado. Añadir la pechuga desmenuzada y las tortillas y revolver.

3- Verter todo en un recipiente refractario al fuego, colocar por encima los aros de cebolla y en el centro el queso desmenuzado. Por último, rociar con la crema de leche, apagar el fuego y tapar el recipiente hasta el momento de servir.

Preparación

1

2

3

ENCHILADAS VERDES

Ingredientes para 8 personas:

24 **tortillas**
½ taza de **aceite**
1 lb de **pollo** deshebrado
¼ l de **crema de leche**
½ lb de **queso** Chihuahua rallado
1 **aguacate**
8 hojas de **lechuga**
7 oz de **chile** chilaca tostado y pelado
3 **tomates** verdes
Chile serrano cocido al gusto
2 ramas de **cilantro** picado
2 dientes de **ajo**, **sal**

Preparación

1- Precalentar el horno a 350 ºF (180 ºC). Preparar una salsa licuando el aguacate pelado y picado, la lechuga picada, el chile chilaca y 1 tomate verde, pelado y picado, en ½ taza de agua, y sazonar con sal. Preparar una segunda salsa, licuando el chile serrano, los ajos pelados y picados, el cilantro, los tomates verdes restantes cocidos, pelados y picados y sal.

2- Calentar el aceite en una sartén y freír las tortillas una por una, pasándolas antes por la salsa de aguacate.

3- Extender las tortillas sobre una tabla o en la mesa, y rellenarlas con el pollo. Envolverlas formando rollitos y colocarlas en un molde refractario. Agregar la salsa de aguacate que le haya sobrado, y la segunda salsa. Regar con la crema de leche y espolvorear con el queso. Hornear durante 15 minutos o hasta que estén calientes y el queso derretido.

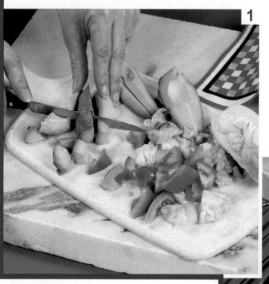

FRIJOLES BORRACHOS

Ingredientes para 6 personas:

1 lb de **frijoles** pintos
1 **cebolla** pelada y partida en gajos
5 dientes de **ajo** enteros
1 cucharada de **aceite**
2 tazas de **cerveza**
Sal
Para la salsa:
4 cucharadas de **aceite**
3 **jitomates**
1 **cebolla** grande picada
4 **chiles** serranos picados
Un manojo de **cilantro**

Preparación

1- Poner los frijoles en remojo el día anterior. Escurrirlos, ponerlos en una olla bien cubiertos con agua, añadir la cebolla, los ajos, el aceite y sal y cocinar durante 1½ horas o hasta que los frijoles estén casi tiernos, añadiendo más agua durante la cocción, si fuera necesario.

2- Mientras tanto, picar los jitomates. Freír la cebolla en el aceite y cuando esté ligeramente dorada, añadir los jitomates, los chiles y el cilantro. Salar y freír.

3- A continuación, agregar la salsa a los frijoles cocinados, rociar con la cerveza, rectificar la sazón y cocinar hasta que los frijoles estén bien tiernos. Por último, verter en un platón o fuente y servir con tortillas y arroz blanco.

GUACAMOLE

Ingredientes para 6 personas:

2 **aguacates** grandes
El jugo de 2 **limones**
1 **jitomate** pelado y picado
2 **chiles** serranos picados
2 ramitas de **cilantro** fresco picado
1 **cebolla** finamente picada
Sal
Tortillas de maíz para acompañar

Preparación

1- Cortar los aguacates por la mitad, quitar el hueso y verter toda la pulpa en un recipiente de barro o de cristal. Machacarla con un mazo y agregar el jugo de limón para que no se ennegrezca.

2- Añadir el jitomate y los chiles y mezclar.

3- Incorporar el cilantro y la cebolla, sazonar y revolver todo bien. Servir con tortillas de maíz, cortadas en trozos.

HUEVOS AHOGADOS

Ingredientes para 4 personas:

4 **huevos**
½ taza de **arroz**
2 **jitomates**
½ **cebolla** mediana
2 dientes de **ajo**
1 cucharada de **cilantro** fresco picado
1 **chile** maresmeño
8 tazas de **agua**
Aceite para freír
Sal

1- Lavar el arroz y mientras escurre, asar los jitomates, la cebolla y los dientes de ajo.

2- A continuación, licuar los jitomates, la cebolla y los ajos, verter en una cazuela de barro con un poco de aceite, y freír durante unos minutos. Añadir el arroz, el cilantro, el chile cortado en rodajitas y el agua. Salar y cocinar durante 20 minutos o hasta que el arroz esté casi en su punto.

3- Por último, cascar los huevos sobre la cazuela, dejar al fuego hasta que cuajen y servir.

HUEVOS RANCHEROS

Ingredientes para 4 personas:

- 4 **huevos**
- 4 **jitomates**
- 1 trozo de **cebolla**
- 1 diente de **ajo**
- **Chile** serrano
- 4 **tortillas**
- 1 cucharada de **cilantro** fresco picado
- **Aceite** para freír
- ½ taza de **queso** fresco
- **Sal** y **pimienta**

Preparación

1- Asar los jitomates, pelarlos y licuar junto con la cebolla, el diente de ajo y chile al gusto. Verter en una sartén, sazonar con sal y pimienta y freír.

2- Calentar aceite, freír las tortillas, dejarlas escurrir y pasarlas por al salsa de jitomate.

3- A continuación, freír los huevos y poner una tortilla en cada plato, sobre ésta un huevo y salpicar con cilantro.

4- Por último, añadir un poco de salsa de jitomate a cada plato, espolvorear con un poco de queso fresco desmenuzado, y servir decorado con aros de cebolla o al gusto.

SOPA DE VERDURAS

Ingredientes para 4 personas:

2 **zanahorias**
1 **papa**, 2 **elotes**
½ taza de **ejotes**
6 tazas de **caldo** de pollo
½ de taza **chícharos**
1 **hueso** poroso de res
2 **jitomates** grandes
1 **cebolla** pequeña pelada
2 dientes de **ajo** pelados
Chile serrano al gusto
Unas ramitas de **perejil** fresco
Aceite para freír, **sal**

Preparación

1- Limpiar las zanahorias y cortarlas en rodajas. Pelar la papa y cortarla en cuadritos. Cortar los elotes en rodajas y en trocitos los ejotes y verter todo en una cazuela con el caldo, junto con los chícharos y el hueso. Cocinar a fuego lento durante 10 minutos.

2- Mientras tanto, licuar los jitomates junto con la cebolla y los dientes de ajo y freír en una sartén con el aceite caliente. Incorporar el sofrito a la cazuela, revolver y cocinar 10 minutos más.

3- Picar el chile y el perejil. Añadirlos a la cazuela, sazonar al gusto y cocinar hasta que las verduras estén tiernas.

SOPA VERDE

Ingredientes para 4 personas:

Cola, cabeza y espina de **pescado**,
3 **zanahorias**, 2 hojas de **laurel**, un trozo
de **puerro**, 1 **nabo** pequeño, 1 **cebolla**,
un ramillete de **perejil** fresco, 1 copa de
vino blanco, **pimienta** negra en grano,
30 **camarones** medianos
Para la salsa:
4 **chiles** poblanos picados, 1 taza de
perejil y 1 de **cilantro** frescos picados,
1 cucharada de **epazote**, 1 **cebolla**
blanca picada, 4 dientes de **ajo**,
2 cucharadas de **aceite**, 2 cucharadas
de **mantequilla**, **sal** y **pimienta**

Preparación

1- Hervir 8 tazas de agua en una olla y poner la cabeza, la espina y la cola de pescado a cocinar. Añadir las verduras, peladas y cortadas en trozos, 5 o 6 granos de pimienta, el vino y sal. Cocinar 1 hora a fuego lento, retirar del fuego y dejar enfriar.

2- Colar el caldo, reservar 1 taza y apartar las verduras. Licuar la mitad de las mismas y agregar al caldo. Revolver y calentar hasta que esté a punto de ebullición. Para la salsa verter en una licuadora el caldo reservado y todos los ingredientes, excepto las grasas, y molerlos.

3- Calentar el aceite y la mantequilla en una cacerola, añadir los ingredientes licuados y cocinar hasta que espesen. Salpimentar, agregar los camarones y cocinar 10 minutos.

4- Añadir el caldo con verduras, corregir la sazón y cocinar a fuego lento 10 minutos. Servir en sopera, decorándola con rodajas de limón.

SUPER NACHOS

Ingredientes para 8 personas:

24 **tortillas**
1 taza de **aceite**
1 taza de **queso** amarillo tipo americano rallado
1 taza de **queso** Oaxaca rallado
1 **chile** ancho
½ taza de **leche**
½ taza de **chiles** jalapeños

Preparación

1- Lavar el chile ancho, abrirlo, despepitarlo y remojarlo un rato con la leche caliente.

2- Cortar las tortillas en triángulos y freírlos en una sartén con el aceite caliente hasta que estén dorados; dejarlos escurrir sobre papel absorbente.

3- A continuación, moler el chile ancho con la leche y mezclarlo con los quesos. Colocar en un cazo al fuego y mover sin parar con una cuchara de madera hasta que los quesos se derritan. Colocar los nachos en una fuente o platos de servir y cubrirlos con la salsa. Adornar con los chiles jalapeños cortados en rodajitas y servir enseguida.

TACOS DE MACHACA

Ingredientes para 6 personas:

1½ lb de carne de **res**
2 dientes de **ajo**
1 cucharada de **orégano**
El jugo de 1 **limón**
4 cucharadas de **aceite**
1 **cebolla** pequeña pelada y picada
12 **tortillas** de maíz
Sal y **pimienta** molida

Preparación

1- Picar los dientes de ajo y mezclar en un recipiente con el orégano, el jugo de limón, sal y pimienta. Verter sobre la carne y dejar marinar durante 6 o 7 horas, dándole la vuelta de vez en cuando.

2- Calentar 2 cucharadas de aceite en una sartén de fondo grueso y freír la carne, lentamente, hasta que esté hecha por dentro. Dejar enfriar y deshilachar. En otra sartén, calentar el aceite restante, y freír la cebolla hasta que esté transparente, agregar la carne deshilachada y freír unos minutos.

3- A continuación, asar las tortillas en una plancha, por ambos lados, y rellenarlas con la mezcla de carne y cebolla preparada. Servir con ensalada y aguacate.

TACOS DE TÁRTARA

Ingredientes para 4 personas:

8 **tortillas** de maíz
1 lb de carne muy magra de **res** cortada en trocitos
1 **cebolla**
3 **chiles** serranos
½ taza de **cilantro** fresco
3 **jitomates**
Salsa **Worcestershire** al gusto
Jugo de **limón**
Aceite de oliva
Sal y **pimienta** recién molida

Preparación

1- Moler la carne en una picadora y poner en un plato.

2- Picar muy fino la cebolla, los chiles, el cilantro y los jitomates.

3- Añadir todos los ingredientes picados a la carne, aderezar con la salsa Worcestershire, jugo de limón, aceite, sal y pimienta al gusto y cuando todo esté bien mezclado, repartir sobre las tortillas de maíz y servir decorándolas al gusto.

ALAS CON MOSTAZA

Ingredientes para 4 personas:

12 alas de **pollo**
1 **cebolla** larga
4 cucharadas de salsa de **jitomate**
1 cucharada de **mostaza**
1 cucharadita de **azúcar**
12 **cebollitas** de Cambray sin rabo
1 cucharada de salsa de **soja**
Aceite para freír
Sal

Preparación

1- Cortar las puntas de las alas, desechándolas. Lavar las alas y secarlas.

2- Poner una sartén con aceite al fuego y freír las alas a fuego alto. Cuando comiencen a tomar color, salar, añadir la cebolla picada y dejar que se doren.

3- A continuación, mezclar en un recipiente la salsa de jitomate, la mostaza, el azúcar y una pizca de sal e incorporar a la sartén junto con las cebollitas de Cambray y la salsa de soja. Cocinar hasta que las alas estén tiernas y la salsa se haya reducido.

BACALAO CAMPECHANO

Ingredientes para 6 personas:

1 lb de **bacalao** seco
4 **papas** grandes
2 **chiles** anchos
2 dientes de **ajo**
8 granos de **pimienta** negra
3 **jitomates** medianos
1 **cebolla** grande
1 cucharada de **perejil** picado
1 latita de **aceitunas**
1 **pimentón** cocido en agua sal
Aceite
Sal

Preparación

1- Poner el bacalao en remojo la noche anterior. Escurrir y desmenuzar. Cocinar las papas, pelarlas y cortar en cuadritos.

2- Mientras cuecen las papas, asar los chiles, remojar y pasar por la licuadora junto con los dientes de ajo y la pimienta. Asar los jitomates y la cebolla y picarlos.

3- A continuación, calentar aceite en una sartén al fuego y freír la cebolla. Cuando esté transparente, agregar el bacalao desmenuzado y cocinar durante unos minutos. Incorporar el jitomate y cocinar 10 minutos. Añadir los chiles molidos, revolver bien y verter las papas, el perejil, las aceitunas y el pimentón, cortado en trozos. Rectificar la sazón y cocinar unos minutos más hasta que la salsa espese.

CABRITO EN CERVEZA

Ingredientes para 4 personas:

2 lb de **cabrito** cortado en bisteces
2 botellas de **cerveza**
1 cucharada de **pimienta** molida
8 dientes de **ajo** picados
1 **cebolla** finamente picada
2 cucharadas de **azúcar**
El jugo de 2 **limones**
Sal

Preparación

1- Lavar los bisteces y secarlos con un paño. Mezclar en un recipiente todos los ingredientes restantes y cubrir la carne con ellos. Dejar en maceración durante 2 o 3 horas en el refrigerador.

2- Seguidamente, poner los bisteces en una fuente de horno, junto con su adobo y hornear a 350 °F (180 °C) durante unas 2 horas, rociando de vez en cuando con su líquido.

3- Mientras tanto, cocinar verduras al gusto y servir el cabrito con las mismas y papas fritas.

CHILES EN NOGADA

Ingredientes para 6 personas:

12 **chiles** poblanos, 6 **huevos**, 2 tazas de **harina** de trigo, **hierbas** de olor
Para el relleno:
1 lb de lomo de **cerdo**, 4 **jitomates**, un trozo de **cebolla**, 4 dientes de **ajo**,
1 taza de **almendras**, 2 **manzanas**,
1 **plátano**, 2 **duraznos**, 2 **peras**, ½ taza de **pasas**, 1 cucharadita de **azúcar**,
aceite, **sal** y **pimienta**
Para la nogada:
2 tazas de **nueces** peladas, 3 tazas de **crema de leche**, 4 **granadas** desgranadas, **azúcar**

Preparación

1- Cocinar la carne en agua con sal hasta que esté tierna, dejar enfriar y deshebrar. Asar los jitomates, pelarlos y licuarlos junto con la cebolla y los ajos. Freír en un poco de aceite hasta que espese. Incorporar las almendras y las frutas, peladas y picadas y el azúcar, y cocinar 4 o 5 minutos. Añadir la carne, salpimentar y cocinar unos minutos.

2- Cocinar los chiles en agua con sal y hierbas de olor unos minutos. Escurrir, secar y desvenar.

3- Rellenarlos con el preparado anterior, sin llenarlos mucho para que no se salga el relleno.

4- Batir las claras a punto de nieve, e incorporar las yemas, de una en una. Pasar los chiles por harina y por los huevos y freír en aceite caliente. Escurrir sobre papel de cocina y poner en un platón. Licuar las nueces con la crema, añadir azúcar y verter la nogada por encima de los chiles. Salpicar con las granadas y servir.

COCO CON MARISCOS

Ingredientes para 4 personas:

4 **cocos** tiernos
1 taza de **camarones** frescos pelados
1 docena de **almejas** sin conchas
1 filete de **pescado** cortado en trozos
2 **jitomates**
1 cucharada de **perejil** fresco picado
1 cucharada de **azúcar**
1 copa de **vino** blanco
El jugo de 1 **limón**
Aceite para freír
Sal

Preparación

1- Cortar la parte de arriba de los cocos con un serrucho, sacar el líquido y reservar. Extraer la pulpa, rallarla y reservar.

2- En una sartén con aceite, freír el pescado y los mariscos. Retirar con una espumadera y en el mismo aceite, freír los jitomates picados.

3- Añadir el perejil, el azúcar, el vino y 1 taza del líquido reservado de los cocos y salar. Cocinar hasta que la salsa reduzca, bajar el fuego y añadir el pescado y los mariscos. Mezclar bien, retirar del fuego e incorporar la pulpa de coco y el jugo de limón.

4- A continuación, rellenar los cocos con el preparado, introducirlos en el horno, a 350 ºF (180 ºC) y hornear durante 15 minutos. Servir en el mismo coco, poniéndoles la tapa.

MANCHAMANTELES

Ingredientes para 6 personas:

1½ lb de lomo de **cerdo** en rebanadas
2 **plátanos** pelados
½ cabeza de **ajos**
½ **cebolla**
Chile ancho al gusto
1 astilla de **canela**
6 granos de **pimienta** negra
4 **clavos** de olor
½ cucharada de **azúcar**
3 rebanadas de **piña**
Aceite
Sal

Preparación

1- Cortar los plátanos en trozos grandes, freír junto con la carne en una olla con aceite caliente y reservar. Asar los ajos, la cebolla y el chile y poner este último en remojo. Cuando haya ablandado, licuar junto con la cebolla y los ajos y freír en la olla.

2- A continuación, incorporar de nuevo la carne, ½ taza de agua, la canela, la pimienta, los clavos y el azúcar. Salar al gusto y cocinar hasta que la carne esté casi hecha.

3- Por último, agregar los plátanos reservados y la piña cortada en trocitos y cocinar 10 minutos más.

MOLE COLORADITO

Ingredientes para 4 personas:

1 **pollo** cortado en presas
½ lb de **chiles** anchos
6 **chiles** chilcosle
1 cabeza de **ajos** asada
1 lb de **jitomates**
2 cucharadas de **ajonjolí** tostado
Canela molida
Orégano molido
1 oz de **manteca**
3 tablillas de **chocolate**
Sal y **pimienta**

Preparación

1- Poner el pollo en una olla al fuego, cubrir ligeramente con agua, salpimentar y cocinar hasta que esté tierno.

2- Mientras tanto, desvenar los chiles anchos, asarlos ligeramente y poner en remojo. Pasar a la licuadora junto con los chiles chilcosle, los dientes de ajo, los jitomates, el ajonjolí y canela y orégano al gusto. Salpimentar y licuar todo junto. Calentar la manteca en una sartén y freír el puré obtenido.

3- Cuando la salsa esté hecha, agregar el pollo junto con el líquido de cocción y el chocolate picado y cocinar hasta que la salsa espese. Servir con arroz blanco.

OSTIONES AL HORNO

Ingredientes para 4 personas:

12 **ostiones**
3 **jitomates**
2 cucharadas de **aceite** de oliva
1 cucharada de **perejil** fresco picado
2 cucharadas de **mantequilla**
1 taza de **miga de pan** desmenuzada
Sal y **pimienta**

Preparación

1- Abrir los ostiones, separar de las valvas, reservándolas, y cocer en su jugo y un poco de agua, si fuera necesario, durante 3 o 4 minutos. Retirar del agua y picar. Licuar los jitomates y freír en el aceite caliente. Añadir los ostiones, el perejil, sal y pimienta, revolver y cocinar unos minutos más.

2- A continuación, untar las valvas con mantequilla y rellenarlas con el preparado anterior.

3- Espolvorear con la miga de pan y poner en el horno, con el broiler encendido, hasta que se doren.

PAVO RELLENO

Ingredientes para 8 personas:

1 **pavo** de 6 lb limpio y lavado por dentro y por fuera, 1 taza de **caldo**, 9 cucharadas de **mantequilla**, ½ lb de **hongos**, 1 **cebolla** picada, 2 dientes de **ajo** picados, 3 oz de higaditos de **pollo** limpios y picados, ¾ de lb de carne de **cerdo** picada, 1 **manzana** pelada y picada, 1 taza de **pan** molido, el jugo de 2 **limones**, 1 cucharada de **mejorana**, ½ cucharada de **tomillo**, ½ taza de **vino** blanco, 3 cucharadas de **brandy**, 3 cucharadas de **salsa inglesa**, **sal** y **pimienta** molida

Preparación

1- Mezclar en un cuenco el jugo de limón, la mejorana, el tomillo, el brandy, la salsa inglesa, sal y pimienta. Poner el pavo en una bandeja, cubrir con el adobo y macerar 4-6 horas. Calentar 3 cucharadas de mantequilla en una sartén, rehogar los hongos picados, añadir el vino y cocinar hasta que pierdan prácticamente el líquido.

2- Calentar 3 cucharadas de mantequilla en otra sartén y freír los ajos y la cebolla, hasta que ésta esté transparente. Añadir los higaditos y la carne, freír hasta que ésta se suelte y agregar el caldo, la manzana, sal y pimienta. Cocinar 10 minutos, retirar del fuego y añadir el pan molido y los hongos, mezclando bien.

3- Rellenar el pavo y coser la abertura. Untar con la mantequilla restante, introducir en el horno a 350 ºF (180 ºC) y cocinar unas 4 horas. A mitad de la cocción regar con el líquido de la maceración y regar a menudo.

PESCADO ALMENDRADO

Ingredientes para 8 personas:

8 filetes de **pescado**, el jugo de
2 **limones**, 1 diente de **ajo**, 1 taza de
almendras picadas, 2 cucharadas de
queso parmesano rallado,
4 cucharadas de **queso** Cheddar
rallado, 1 cucharada de **perejil** fresco
picado, 3 cucharadas de **aceite**,
1 cucharada de **mantequilla**
derretida, 2 tazas de **crema de leche**,
4 **chiles** serranos en tiritas, **sal** y
pimienta negra molida

Preparación

1- Poner el pescado en una fuente, rociar con el jugo de limón, sazonar con sal y pimienta y dejar macerar durante 1 hora en el refrigerador. Hacer un majado con el diente de ajo, añadir las almendras, la mitad de los quesos, el perejil, y revolver todo bien.

2- A continuación, colocar el pescado en una fuente refractaria, cubrirlo con el preparado anterior y regar con el aceite y la mantequilla mezclados. Introducir en el horno, precalentado a 350 ºF (180 ºC), durante 10-12 minutos.

3- Por último, rociar con la crema de leche y cocinar en el horno durante 7 u 8 minutos más. Espolvorear con los quesos restantes y tiritas de chile y servir con papas cocidas o al gusto.

PICADILLO DE CAZÓN

Ingredientes para 4 personas:

1 lb de carne de **cazón**
2 **limones**
2 **zanahorias**
1 **jitomate**
1 **cebolla**
Chile jalapeño al gusto
3 cucharadas de **aceite**
Sal y **pimienta**

Preparación

1- Picar el cazón en cuadritos y verterlo en un recipiente de cristal. Rociar con el jugo de los limones, sazonar con sal y pimienta y dejar reposar 2 horas en el refrigerador.

2- Mientras tanto, limpiar las zanahorias y rallarlas. Picar el jitomate y la cebolla.

3- Calentar el aceite en una sartén y freír la cebolla hasta que esté transparente. Añadir el jitomate y freír unos minutos. Incorporar las zanahorias, el cazón y el chile. Sazonar y cocinar hasta que se reseque un poco. Servir caliente.

POLLO EN ESTOFADO

Ingredientes para 4 personas:

1 **pollo** cortado en presas, 3 dientes de **ajo**, 4-5 **clavos** de olor, 1 cucharadita de **canela** en polvo, ½ **cebolla** finamente picada, 2 cucharadas de **manteca**, 2 cucharadas de **aceite**, 3 hojas de **laurel**, 1 ramita de **tomillo** seco, 1 vaso de **vino** blanco, 12 **ciruelas** pasas, 2 **calabacitas** pequeñas en trocitos, 3 **zanahorias** en rebanadas, 2 **papas** en cuadritos, 2 tazas de **caldo** de gallina, **sal**

Preparación

1- Machacar en un mortero los dientes de ajo, junto con los clavos y la canela. Añadir la cebolla, mezclar todo bien y untar el pollo por todos los lados. Dejar macerar 2 horas en el refrigerador.

2- A continuación, calentar la manteca y el aceite en una olla a fuego fuerte y dorar el pollo. Añadir el laurel y el tomillo, rociar con el vino y cocinar 10 minutos.

3- Seguidamente, incorporar las ciruelas y las verduras, añadir el caldo, sazonar y cocinar hasta que el pollo y las verduras estén tiernas.

POZOLE

Ingredientes para 4 personas:

4 tazas de **cacahuacintle** sin cabeza
1 cabeza de **ajos**, 1 **cebolla**
4 trozos de cabeza de **cerdo**
4 trozos de codillo de **cerdo**
2 pezuñas de **cerdo** en trozos
1 pechuga de **pollo**
6 **chiles** guajillo secos
2 hojas de **laurel**, **sal**
Para acompañar:
1 **lechuga**, 2 **cebollas**
4 **rábanos**, 2 **limones**, **ajíes**
Tortillas, **aguacates**

Preparación

1- Poner el cacahuacintle en una cacerola junto con la cebolla y la cabeza de ajos. Cubrir con 10 tazas de agua y cocinar 10 minutos. Añadir las carnes y la pechuga de pollo, sazonar y cocinar hasta que estén tiernas.

2- Retirar del fuego, cortar en trozos las carnes y reservarlas. Desvenar los chiles, remojarlos y licuar. Agregarlos a la cazuela, junto con el laurel y cocinar hasta que el cacahuacintle esté tierno.

3- Mientras tanto, picar la lechuga, las cebollas, los rábanos y los limones. Servir el pozole y en plato aparte las carnes troceadas. Acompañar todo con las verduras picadas, ajíes, tortillas y aguacates.

TAMALES CHIAPANECOS

Ingredientes para 16 personas:

4 **chiles** anchos sin semillas,
2 **chiles** pasillas sin semillas, 2 oz de
almendras, 3 oz de **pasas**,
2 cucharadas de **ajonjolí**, 2 dientes
de **ajo**, una pizca de **orégano** en
polvo, 3 **jitomates** pelados y picados,
1 **cebolla** picada y 1 cortada por la
mitad, 2 pechugas de **pollo**, ½ lb de
carne de **cerdo** en trocitos, ½ lb de
manteca, 2 lb de **mixtamal**, **aceite**
para freír, hojas de **plátano** sin
nervadura y cocidas, **sal**

Preparación

1- Freír por separado los chiles, las almendras, las pasas y los ajos; licuar junto con el ajonjolí y el orégano y reservar. En una sartén con aceite rehogar los jitomates y la cebolla picada, durante 10-12 minutos; añadir la mezcla triturada, salar, remover con una cuchara de madera y seguir cociendo a fuego lento.

2- Lavar y cocer las carnes con la otra cebolla. Cuando las carnes estén tiernas, retirar, desmechar y añadirlas al sofrito. Batir la manteca en un cuenco hasta que esponje, incorporarla al mixtamal y batir hasta que al poner una bolita de masa en un vaso de agua, ésta flote.

3- Cortar las hojas de plátano en cuadros de unos 20 cm. Colocar en el centro una capa de masa, estirarla y poner en el centro parte del relleno. Cerrar los tamales con los extremos de la hoja, procurando que queden cuadrados y atar con una tirita de hoja de plátano. Cocer al vapor a fuego alto, durante 1 hora.

TRUCHAS EN CALDILLO

Ingredientes para 4 personas:

4 **truchas**
3 cucharadas de **manteca**
3 **cebollas** picadas
3 dientes de **ajo** picados
4 cucharadas de **cilantro** fresco picado
2 **chiles** guajillos desvenados y cortados en tiras
½ taza de **vinagre**
Sal
Limones para decorar

Preparación

1- Lavar las truchas, limpiándolas bien y desechando las vísceras, y cortarlas en 3 trozos, cada una.

2- A continuación, derretir la manteca en una sartén a fuego medio y freír los ajos y las cebollas, hasta que éstas estén transparentes. Seguidamente, agregar las truchas y freír ligeramente. Incorporar el cilantro, los chiles, el vinagre y sal al gusto.

3- Rociar con agua, tapar y cocinar a fuego lento durante 20 minutos. Verter todo en una fuente y decorar con rodajas de limón.

DURAZNOS MERENGADOS

Ingredientes para 6 personas:

1 lata de **duraznos** en almíbar de 2 lb
3 claras de **huevo**
½ taza de **azúcar** pulverizada
La **ralladura** de 1 limón

Preparación

1- Picar los duraznos sobre una tabla y reservar unos trocitos para la terminación.

2- Batir las claras a punto de nieve, y añadir el azúcar y la ralladura de limón, poco a poco, sin dejar de batir, hasta formar un merengue.

3- Colocar los duraznos picados en un refractario y rociarlos con su jugo. Cubrirlos con el merengue previamente preparado y decorar la superficie con los trocitos reservados. Por último, introducir en el horno, con el broiler encendido, durante unos minutos para que se dore la superficie.

GELATINA DE GUAYABA

Ingredientes para 6 personas:

12 **guayabas**
1 taza de **azúcar**
4 cucharadas de **gelatina** en polvo sin sabor
½ taza de **brandy**
1 taza de **crema de leche** batida
Guindas confitadas

Preparación

1- Poner una olla al fuego con el azúcar y 4 tazas de agua y cocinar hasta que el azúcar se haya disuelto.

2- Cortar las guayabas en rebanadas y cocinarlas en el almíbar hasta que estén suaves. Disolver la gelatina en un poco del almíbar de la cocción de las guayabas e incorporarla a la olla.

3- A continuación, agregar el brandy, revolver, retirar la preparación del fuego y dejar enfriar.

4- Seguidamente, verter en un molde y dejar cuajar en el refrigerador. Por último, desmoldar y servir adornada con la crema de leche batida y las guindas confitadas.

HUEVOS REALES

Ingredientes para 8 personas:

6 yemas de **huevo**
1 cucharadita de **polvo** de hornear
1 cucharada de **mantequilla**
1 taza de **agua**
1 taza de **azúcar**
Unas gotas de jugo de **limón**
1 cucharada de **pasas**
1 astilla de **canela**
10 **almendras** picadas

Preparación

1- Batir las yemas junto con el polvo de hornear hasta que doblen su volumen.

2- Verter en un molde engrasado con la mantequilla. Cocinar al baño María hasta que estén cuajadas. Pinchar el centro con un palito, si éste sale limpio es que están cuajadas.

3- Mientras tanto, poner en un recipiente el agua, el azúcar y el jugo de limón y cocinar hasta que se forme un almíbar. A continuación, cortar las yemas cuajadas en trozos y poner en una fuente. Añadir las pasas, la canela y las almendras y rociar con el almíbar para que se empapen.

JAMONCILLO DE NUEZ

Ingredientes para 8 personas:

½ lb de **nueces** peladas
4 tazas de **leche**
¾ de lb de **azúcar**
Vainilla
Una pizca de **bicarbonato**
Mantequilla

1- Moler las nueces hasta que queden en un polvo fino.

2- Mojar una olla con agua y poner la leche, el azúcar, la vainilla y el bicarbonato. Cocinar sin dejar de revolver hasta que espese y añadir las nueces molidas.

3- Revolver bien hasta que esté consistente y verter en un molde forrado con papel de aluminio y engrasado con mantequilla. Por último, poner en el refrigerador y dejar hasta que cuaje.

Preparación

MERENGUES DE PULQUE

Ingredientes para 4 personas:

3 claras de **huevo**
3 cucharadas de **pulque**
1 taza de **azúcar**
Unas gotas de **colorante** vegetal rojo
1 cucharadita de **mantequilla**
Caramelillos de colores

Preparación

1- Batir las claras hasta que estén a punto de nieve, incorporar poco a poco el pulque y añadir el azúcar y unas gotas de colorante rojo, sin dejar de batir.

2- Engrasar ligeramente con la mantequilla una lata de horno. Poner el merengue en una manga pastelera e ir formando los merengues.

3- Espolvorearlos con los caramelillos y cocinar en el horno, a 275 ºF (135 ºC), unos 45 minutos.

NARANJAS EN ALMÍBAR

Ingredientes para 4 personas:

4 **naranjas**
Una pizca de **sal**
2 tazas de **agua**
3 tazas de **azúcar**
3-4 astillas de **canela**

Preparación

1- Rallar las naranjas y desechar la ralladura. Extraer el jugo de las naranjas, reservarlo y cortarlas en gajos. Ponerlas en una olla, cubrirlas con agua, añadir sal y cocinar durante 30 minutos.

2- Escurrirlas, lavarlas y dejar en remojo durante unas 8 horas, cambiando el agua de vez en cuando, hasta que quede transparente. Poner el agua, el jugo de naranja, el azúcar y la canela en una olla y cocinar a fuego lento, durante 1 hora o hasta obtener un almíbar espeso.

3- Añadir las naranjas escurridas y cocinar hasta que absorban parte del almíbar. Dejar enfriar y servir.

NIEVE DE MELÓN

Ingredientes para 4 personas:

2 **melones** pequeños
2 tazas de **agua**
1 lb de **azúcar**
3 claras de **huevo**

Preparación

1- Partir los melones por la mitad, quitar las semillas y extraer la pulpa con cuidado. Verter la pulpa de los melones en la licuadora junto con el agua y el azúcar y licuar.

2- A continuación, verter el puré obtenido en un molde e introducir en el congelador.

3- Cuando el puré esté casi cuajado, batir las claras a punto de nieve, mezclar con el puré de melón con cuidado, e introducir de nuevo en el congelador hasta que termine de cuajar. Por último, rellenar las cáscaras de melón con la nieve preparada y servir.

SOUFFLÉ DE MANDARINA

Ingredientes para 10 personas:

5 yemas de **huevo**, 2 tazas de **azúcar**, 5 cucharadas de jugo de **limón**, 3 tazas de jugo de **mandarina**, 1 cucharada de ralladura de **mandarina**, ½ cucharadita de ralladura de **limón**, 3 sobres de **gelatina** sin sabor, una pizca de **sal**, 1½ tazas de **mandarinas** picadas, 1½ tazas de **crema** espesa puesta 1 hora en el congelador, 1½ tazas de **crema** de leche fresca, 3 claras de **huevo**, gajos de **mandarina**

Preparación

1- Batir las yemas con la batidora, agregar 1½ tazas de azúcar y batir hasta que espese. Calentar el jugo de limón y 1½ tazas de jugo de mandarina e incorporar a las yemas. Sin dejar de batir, agregar la ralladura de mandarina y de limón. Debe quedar espeso.

2- Poner en un recipiente la gelatina, la sal y el jugo de mandarina restante y calentar hasta que se derrita. Dejar enfriar, añadir a la mezcla de yemas, refrigerar hasta que empiece a cuajar y agregar las mandarinas picadas. Batir las cremas hasta que espesen y añadir al preparado con movimientos envolventes.

3- Batir las claras a punto de nieve, y añadir el azúcar restante. Batir hasta que estén brillantes y agregar al preparado de forma envolvente.

4- Engrasar un molde para soufflé, cubrir la orilla con papel encerado, verter el soufflé y refrigerar 6 horas. Retirar el papel y decorar con los gajos de mandarina o al gusto.

194

SOPA DE FRÍJOLES

Ingredientes para 4 personas:

1 lb de **frijoles** rojos
1 diente de **ajo** machacado
2 granos de **pimienta**
2 **chiltomas** verdes cortados en trocitos
2 **cebollas** (1 rallada y otra picada)
1 cucharada de **mantequilla**
4 **huevos**
Sal y **ají** al gusto

Preparación

1- Poner los fríjoles en un recipiente. Cubrir con abundante agua y dejar en remojo durante 8 horas. Cuando se van a preparar, escurrirlos y ponerlos en una olla, cubrirlos con agua y cocinar. Cuando estén casi tiernos, añadir el ajo, salar y terminar la cocción.

2- A continuación, poner 1 taza de fríjoles en otra olla. Agregar los granos de pimienta, los chiltomas, la cebolla rallada y ají al gusto. Incorporar 4 tazas del caldo de cocinar los fríjoles y cocinar todo junto durante 10 minutos.

3- Mientras tanto, calentar la mantequilla en una sartén y freír la cebolla picada. Pasar todos los fríjoles junto con los chiltomas por la licuadora, y verter de nuevo en la olla. Añadir la cebolla frita y mezclar todo bien.

4- Por último, cascar los huevos en el puré y cocinar hasta que los huevos estén cuajados. Servir inmediatamente.

GALLINA DE CHINAMO

Ingredientes para 8 personas:

1 **gallina** grande cortada en 8 presas, 5 cucharadas de **aceite**, 2 hojas de **laurel**, una pizca de **nuez** moscada, 1 **zanahoria** grande en rebanadas, 1 **chayote** partido en trozos, 2 oz de **pasas**, 3 cucharadas de **mantequilla**, 2 cucharadas de **harina** de trigo dorada, 1 copa de **vino** dulce, **ají** en polvo al gusto, **azúcar** al gusto, 2 cucharadas de **salsa** inglesa, 2 cucharadas de **alcaparras**, 1 lb de **papas** en rebanadas, **sal** y **pimienta**

Preparación

1- Sazonar la gallina con sal y pimienta. Calentar el aceite en una olla al fuego y dorar las presas de gallina. Cubrir con agua, añadir el laurel, la nuez moscada y la zanahoria. Tapar y cocinar hasta que esta última esté tierna.

2- Seguidamente, incorporar el chayote y las pasas y continuar la cocción hasta que el chayote comience a ablandar.

3- Por último, mezclar la mantequilla con la harina e incorporar a la olla junto con el vino, el ají, el azúcar, la salsa inglesa, las alcaparras y las papas. Rectificar la sazón y cocinar hasta que todo esté tierno.

HOJUELAS

Ingredientes para 40 hojuelas:

2 tazas de **harina** de trigo
1 cucharada de **mantequilla** helada
1 cucharada de **agua** helada
1 **huevo**
El jugo de 1 **naranja** dulce
Sal
Abundante **aceite** para freír
Para el caramelo:
3 tazas de **azúcar**
1½ tazas de **agua**
1 astilla de **canela**

Preparación

1- Poner los ingredientes de las hojuelas en un recipiente, y amasar. Si hiciera falta, añadir más agua, pero la masa tiene que quedar fina pero dura.

2- A continuación, estirar la masa con un rodillo hasta que quede muy fina. Seguidamente, cortar rombos con un cortapastas y freír en abundante aceite caliente.

3- Por último, hacer un caramelo con el azúcar, el agua y la canela y verter sobre las hojuelas para que queden bien bañadas. Servir.

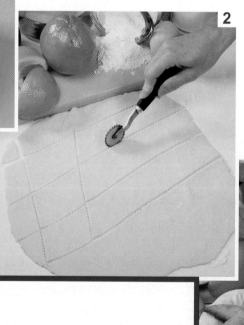

FUFU

Ingredientes para 6 personas:

½ lb de **ñame** cortado en trozos
1 lb de **yuca** cortada en trozos
1 **ají** grande cortado en trozos
1 **tomate** pelado y picado
1 **cebolla** picada
2 dientes de **ajo** picados
3 tazas de **leche de coco**
2 lb de **pescado** de carne firme cortado en rebanadas
1 **plátano** verde
Sal y **pimienta**

Preparación

1- Poner en una olla el ñame, la yuca, el ají, el tomate, la cebolla y los ajos. Cubrir con la leche de coco y cocinar hasta que las verduras estén tiernas. Sazonar con sal y pimienta las rebanadas de pescado y freír en abundante aceite. Reservar.

2- A continuación, cortar el plátano en rodajas de unos 2 cm de grosor, y freírlas. Retirar de la sartén, aplastarlas y volverlas a freír hasta que estén crujientes.

3- Cuando las verduras estén en su punto, salar, añadir el pescado frito y las rodajas de plátano y cocinar todo junto durante 10 minutos. Servir inmediatamente.

PAVO RELLENO PANAMEÑO

Ingredientes para 8 personas:

1 **pavo** de 6 o 7 lb
6 dientes de **ajo** machacados, **orégano**
El jugo de 2 **limones**, sal
Para el relleno:
2 oz de **manteca**, 1 diente de **ajo**
½ **cebolla,** 2 cucharadas de **ajíes** verdes
½ lb de **carne** molida de cerdo
1 copa de **vino** dulce, **orégano**
2 cucharadas de salsa de **tomate**
1 **huevo** duro, 2 cucharadas de **pasas**
10 **aceitunas**, 1 cucharada de **mostaza**
2 cucharadas de **alcaparras**
3 oz de **mantequilla**, **sal** y **pimienta**

1- Lavar y secar el pavo. Preparar una mezcla con los ajos, el orégano, el jugo de limón y sal y untar el pavo por dentro y por fuera.

2- A continuación, derretir la manteca en una sartén y freír la cebolla y el ajo, añadir los ajíes y sofreír durante 2 minutos. Incorporar la carne, sofreír ligeramente y cuando esté suelta, agregar el vino, el orégano, la salsa de tomate y sal. Cocinar todo junto durante 5 minutos.

3- Incorporar el huevo picado, las pasas, las aceitunas y las alcaparras, y freír todo junto, sin dejar de revolver, durante 2 minutos.

4- Rellenar el pavo con la mezcla preparada y coser bien la abertura. Colocarlo en una fuente de horno, atar las patas y untar la superficie del pavo con la mantequilla y la mostaza. Introducir en el horno, precalentado a 350 ºF (180 ºC) durante 3 horas, regándolo a menudo con la salsa.

Preparación

CHUPE DE CHOROS

Ingredientes para 4 personas:

3 docenas de **choros**
4 cucharadas de **aceite**
2 dientes de **ajo** picados
1 **cebolla** mediana finamente picada
1 **ají** rojo seco molido sin pipas
1 **tomate**
1 cucharadita de **orégano**
3 **papas** cortadas en trozos
½ lb de **fideos**, 4 **huevos**
½ lb de **queso** fresco desmenuzado
1 tacita de **leche evaporada**
Sal y **pimienta**

Preparación

1- Lavar los choros, rasparlos bien y poner en una olla grande. Añadir 2 tazas de agua y cocinar hasta que se abran. Colar y reservar por separado los choros y el caldo.

2- Calentar el aceite en una olla y rehogar los ajos y la cebolla hasta que estén transparentes. Añadir el ají, el tomate, pelado y picado, y el orégano. Sazonar con sal y pimienta y cocinar durante unos minutos.

3- Incorporar el caldo reservado y, cuando comience a hervir, agregar las papas.

4- Cocinar unos minutos, añadir los fideos y cocinar hasta que las papas estén tiernas. Por último, añadir los huevos y el queso y, cuando los huevos estén escalfados, agregar los choros, sin concha, reservando algunos con ella para la decoración. Apartar del fuego, añadir la leche, revolver con cuidado para que no se rompan los huevos, y servir.

PALTAS A LA JARDINERA

Ingredientes para 6 personas:

1 **zanahoria** hervida y troceada
½ taza de **vainitas** cocinadas y picadas
½ taza de **arvejas** cocinadas
2 oz de **pollo** cocinado y picado
2 **huevos** duros picados
3 oz de **jamón** de York picado
1½ tazas de **mayonesa**
3 **paltas**
El jugo de 1 **limón**
Sal y **pimienta**

Preparación

1- Verter en un recipiente la zanahoria, las vainitas, las arvejas, el pollo, los huevos y el jamón. Añadir la mitad de la mayonesa, mezclar bien y sazonar con sal y pimienta.

2- A continuación, cortar las paltas por la mitad, en sentido longitudinal. Extraer los huesos y cocinar las paltas durante unos minutos en agua hirviendo.

3- Seguidamente, pelar las paltas, rociarlas con el jugo de limón para que no se ennegrezcan y rellenar con el preparado anterior. Por último, colocar las paltas en una fuente de servir, cubrir con la mayonesa restante y servir.

AJÍ DE GALLINA

Ingredientes para 6 personas:

1 **gallina** de 3½ lb aproximadamente
4 cucharadas de **aceite**
½ lb de **cebolla** picada
1 diente de **ajo** picado
6 **ajíes** verdes picados
4 rajas de **pan de molde**
3 oz de **nueces** peladas
1 cucharada de **queso** rallado
1 lata de **leche evaporada**
6 **papas** amarillas cocidas
6 **huevos** duros
Sal y **pimienta**

Preparación

1- Cortar la gallina en presas, poner en una olla con agua y sal y cocinar hasta que esté tierna. Retirar las presas de la olla, desechar la piel y huesos y desmenuzar la carne. Reservar el caldo.

2- Rehogar en una olla con el aceite la cebolla junto con el ajo y los ajíes, todo finamente picado. Sazonar con sal y pimienta al gusto y cocinar hasta que todo esté tierno.

3- Mientras tanto, quitar la corteza a las rajas de pan de molde, desmenuzar la miga y humedecerla ligeramente con un poco del caldo de gallina reservado, incorporarla a la sartén y freír con las hortalizas durante 10 minutos.

4- Por último, añadir las nueces a la olla junto con la gallina y el queso y rehogar todo junto durante unos 10 minutos. Rociar con la leche, revolver todo bien y servir con las papas y los huevos, decorando al gusto.

BACALAO A LA LIMEÑA

Ingredientes para 6 personas:

1½ lb de **bacalao** seco
3 cucharadas de **aceite**
8 dientes de **ajo**
2½ lb de **papas** cortadas en trozos
1 **pimiento** rojo cortado en tiras
Un poco de **picante**
6 **nueces** peladas
Unas ramitas de **perejil** fresco
6 **huevos** duros
Sal

Preparación

1- Poner el bacalao en un recipiente, cubrirlo con agua y dejar en remojo durante 24 horas, cambiándole el agua varias veces. Escurrir y cortar en trozos. Calentar el aceite en una olla al fuego y dorar el bacalao. Retirarlo y en el mismo aceite, dorar los ajos pelados. Retirar los ajos y reservar.

2- Seguidamente, agregar a la olla las papas, rehogarlas y rociar con 3 vasos de agua. Incorporar el bacalao de nuevo, tapar y cocinar 5 minutos. Añadir el pimiento y continuar la cocción hasta que las papas estén tiernas.

3- Mientras tanto, hacer un majado con los ajos fritos, un poco de picante, las nueces y el perejil. Diluirlo con un poquito del caldo y verter en la olla. Revolver todo bien, rectificar la sazón y servir con los huevos duros cortados en rodajas.

CABRITO EN SALSA

Ingredientes para 4 personas:

2½ lb de **cabrito** cortado en trozos
4 cucharadas de **aceite**
1 **cebolla** picada
2 hojas de **laurel**
1 diente de **ajo**
8-10 **almendras** peladas
Unas ramitas de **perejil** fresco
3 cucharadas de **vinagre**
Sal y **pimienta**

Preparación

1- Lavar bien los trozos de cabrito y secarlos. Calentar el aceite en una olla y dorar la carne por todos los lados. Añadir la cebolla y 1 hoja de laurel y sofreír hasta que la cebolla esté dorada.

2- Seguidamente, sazonar con sal y pimienta, cubrir con agua y cocinar hasta que la carne esté casi tierna.

3- Mientras tanto, preparar un majado con el ajo, las almendras, la hoja de laurel restante, picada, y el perejil. Cuando todo esté bien mezclado, añadir al cabrito, incorporar el vinagre y cocinar hasta que todo esté en su punto. Servir acompañado de pasta o al gusto.

PESCADO EN SALSA

Ingredientes para 6 personas:

2½ lb de filetes de **pescado** blanco
2 cucharadas de **mantequilla**
1 **cebolla**, 1 ramita de **perejil**
1 copa de **vino** blanco seco
Sal y **pimienta**
Para la salsa:
1 taza de jugo de **naranja**
3 cucharadas de **mantequilla**
2 cucharadas de **harina** de trigo
1 taza de **caldo de pescado**
1/2 taza de **leche** evaporada
6 **ajíes** verdes, **sal** y **pimienta**

1- Cortar la cebolla en aros. Engrasar con la mantequilla una fuente de horno y cubrir el fondo con la mitad de la cebolla. Colocar encima el pescado y cubrirlo con la cebolla restante. Rociar con el vino y una taza de agua, añadir el perejil y salpimentar. Cubrir con papel de aluminio e introducir en el horno, precalentado a 400 °F (205 °C), 10 minutos.

2- Poner los ajíes en un recipiente con agua y hervirlos durante unos minutos. Retirar del fuego, pelarlos, desechando las semillas y licuarlos hasta formar un puré. Derretir la mantequilla en un recipiente al fuego y dorar la harina. Añadir el caldo mezclado con la leche, cocinando sin dejar de revolver hasta que haya espesado. Sazonar con sal y pimienta.

3- Incorporar los ajíes licuados y el jugo de naranja y revolver. Servir el pescado con la salsa preparada, decorado con gajos de naranja y perejil picado.

Preparación

NATILLAS PIURANAS

Ingredientes para 6 personas:

2 tazas de **azúcar** morena
5 o 6 **cucharadas** de agua
3 tazas de **leche**
1 taza de **leche evaporada**
½ cucharadita de **levadura**
½ taza de **nueces** finamente picadas

Preparación

1- Poner en un recipiente el azúcar y el agua, y cocinar a fuego bajo, sin dejar de revolver, hasta que el azúcar se disuelva.

2- A continuación, poner en otro recipiente la leche, la leche evaporada y la levadura. Mezclar bien y cuando rompa a hervir, incorporar al azúcar disuelta.

3- Cuando todo esté bien mezclado, verter en una olla y cocinar a fuego bajo, sin dejar de revolver, hasta que resulte una crema espesa. Añadir las nueces picadas y mezclar todo bien. Dejar enfriar ligeramente, antes de servir.

PICARONES

Ingredientes para 8 personas:

½ lb de **calabaza** pelada y troceada
½ lb de **batatas** troceadas
1 cucharadita de **sal**, **aceite** para freír
Una pizca de **anisetes** molidos
4 tazas de **harina** de trigo cernida
1 cucharadita de **polvo de hornear**
Para la miel:
2 tazas de **azúcar** morena
1 taza de **azúcar**
2 tazas de **agua**
1 trozo de cáscara de **limón**
1 trozo de cáscara de **naranja**

Preparación

1- Poner la calabaza y las batatas en una olla, cubrir con agua y cocinar hasta que estén tiernas. Escurrir y pasar por el pasapurés. Agregar al puré obtenido, los anisetes, la sal y la harina. Incorporar el polvo de hornear disuelto en un poco de agua templada y amasar hasta obtener una masa consistente y homogénea.

2- Formar una bola con la masa, poner ésta en un recipiente, tapar y dejar reposar hasta que doble su volumen.

3- Calentar abundante aceite en una sartén al fuego. Tomar cucharadas de la masa, darles forma de rosquillas y freír en el aceite bien caliente. Escurrir sobre papel absorbente. Preparar la miel mezclando todos los ingredientes en un recipiente al fuego. Cocinar lentamente hasta que la mezcla esté espesa y retirar las cáscaras de naranja y limón. Servir los picarones con la miel por encima.

ARROZ A LA REGENTA

Ingredientes para 6 personas:

2 lb de **pollo**, 7 tazas de **agua**
2 dientes de **ajo**, 3 **cebollas**
3 oz de **mantequilla**
2½ tazas de **arroz**
½ taza de **parmesano** rallado
Para la salsa:
3 oz de **mantequilla**
2 cucharadas de **harina** de trigo
Caldo de cocer el pollo
1 **pimiento** morrón
1 cucharada de **cilantro**
½ taza de **vino** blanco, **sal** y **pimienta**

1- Poner en una olla al fuego el pollo troceado, el agua, los ajos, 1 cebolla, la sal y la pimienta, cocinar hasta que esté tierno, colar y reservar el caldo y el pollo aparte.

2- Rehogar las cebollas restantes en 3 oz de mantequilla. Añadir el arroz, previamente lavado y sofreír. Agregar el queso, revolver e incorporar ¾ partes del caldo reservado. Cocinar hasta que el arroz esté en su punto y haya absorbido el líquido.

3- Derretir la mantequilla de la salsa en otro recipiente y rehogar la harina, revolviendo. Añadir, poco a poco, el caldo restante y el vino, rectificar la sazón e incorporar el pollo, previamente desmenuzado. Cocinar todo junto hasta que la salsa espese y retirar del fuego. Poner el arroz en un molde de corona y volcar sobre una fuente de servir. Poner la salsa preparada en el hueco central y decorar con el pimiento y el cilantro.

Preparación

MOJO ISLEÑO

Ingredientes para 6 personas:

2½ lb de **pescado** (mero, corvina)
Aceite para freír
1 diente de **ajo**, **sal**
Para la salsa:
½ taza de **aceite** de oliva
½ taza de **agua,** 2 hojas de **laurel**
2 cucharadas de **alcaparras**
2 cucharadas de **vinagre**
2 **pimientos** morrones troceados
1 lata de **tomate** de 1 lb
1 lb de **cebollas** cortadas en aros
24 **aceitunas** rellenas, **sal**

Preparación

1- Poner todos los ingredientes de la salsa en una olla, reservando 3 o 4 aceitunas para el adorno. Salar y cocinar a fuego lento durante 1 hora.

2- Cuando la salsa esté casi hecha, poner aceite en una sartén y, cuando esté caliente, freír el diente de ajo picado, hasta que esté dorado. A continuación, retirar el ajo, salar el pescado, cortado en rebanadas, y freírlo hasta que esté dorado por ambos lados.

3- Seguidamente, retirar el pescado de la sartén y ponerlo en una fuente de servir. Por último, cuando la salsa esté lista, verterla sobre el pescado y servir caliente, adornado con las aceitunas reservadas, cortadas en rebanadas.

SERENATA

Ingredientes para 4 personas:

1 lb de **bacalao**
1 **cebolla**
2 **tomates**
½ lb de **calabaza** cocida con sal
Aceitunas rellenas
1 **aguacate**
Para la salsa:
½ taza de **aceite**
¼ taza de **vinagre**
1 cucharadita de **sal**
½ cucharadita de **pimienta**

Preparación

1- Poner el bacalao el día anterior en remojo, cambiando el agua 2 o 3 veces. Al día siguiente, escurrir el bacalao y poner en una olla. Cubrirlo con agua limpia y cocinar unos minutos. Escurrir, desechar pieles y espinas y desmenuzarlo.

2- A continuación, cortar la cebolla y los tomates en rodajas. Cortar en gajos la calabaza y colocar todo en una fuente, junto con el bacalao desmenuzado. Poner por encima las aceitunas y reservar.

3- Seguidamente, mezclar todos los ingredientes de la salsa en un recipiente, batiéndolos bien. Pelar y cortar en gajos el aguacate, ponerlo en la fuente anteriormente preparada y rociar con la salsa.

SOPA BORRACHA

Ingredientes para 8 personas:

2 tazas de **agua**
3 tazas de **azúcar**
1½ tazas de **vino** dulce
1 **bizcocho** esponjoso de ½ lb
2 claras de **huevo**
1 cucharada de **caramelitos** de colores

Preparación

1- Poner el agua en un recipiente al fuego. Añadir 2½ tazas de azúcar, cocinar hasta formar un almíbar espeso e incorporar el vino.

2- A continuación, dividir el bizcocho esponjoso en 8 porciones iguales y poner cada una de ellas en un recipiente individual. Rociarlas con el almíbar preparado y reservar.

3- Seguidamente, batir las claras de huevo a punto de nieve, junto con el azúcar restante, hasta que estén bien duras. Poner el merengue en una manga pastelera provista de boquilla rizada y repartirlo en cada recipiente, sobre las porciones de bizcocho. Decorar con los caramelitos e introducir en el frigorífico hasta el momento de servir.

CAVIAR DE BERENJENA

Ingredientes para 6 personas:

2 lb de **berenjenas**
1 **cebolla** muy picada
2 **tomates** picados
1 **pimiento** rojo asado
2 cucharadas de **cilantro** picado
4 cucharadas de **aceite**
1 cucharada de **vinagre** o jugo de **limón**
Unas hojas de **lechuga**
Unas **aceitunas** negras
Sal y **pimienta**

Preparación

1- Lavar cuidadosamente las berenjenas, secarlas con un paño o con papel absorbente de cocina y asarlas en el horno, precalentado a 375 ºF (195 ºC), hasta que estén tiernas. Pelarlas, picarlas en cuadritos y poner en un recipiente. Añadir al recipiente la cebolla, los tomates, el pimiento, pelado y cortado en trocitos, y el cilantro y mezclar todo bien.

2- Seguidamente, verter en una tacita el aceite, el vinagre o jugo de limón y sal y pimienta al gusto y batir bien. Verter sobre el preparado anterior y revolver para que se unifiquen los sabores.

3- Por último, poner en una fuente y decorar con las hojas de lechuga y las aceitunas.

MORO DE HABICHUELAS

Ingredientes para 6 personas:

1 lb de **fríjoles**
1 ramito de **perejil**, 1 hoja de **laurel**
1 ramito de **cilántrico**
1 **puerro**, 3 cucharadas de **aceite**
2 tiras de **tocineta** picadas
½ **cebolla** picada
1 **pimiento** verde
2 dientes de **ajo** picados
1 cucharadita de **ají**, 3 **tomates**
½ cucharadita de **orégano** en polvo
1 cucharadita de **vinagre**
2 tazas de **arroz**, sal

Preparación

1- Poner en una olla los fríjoles, puestos en remojo el día anterior, con un ramillete formado por el perejil, el cilántrico, el puerro y el laurel. Cubrir con abundante agua y cocinar hasta que estén casi tiernos.

2- Calentar el aceite en otra olla y sofreír la tocineta. Agregar la cebolla, el pimiento en aros, los ajos y el ají y rehogar unos minutos. Incorporar los tomates picados y el orégano y cocinar todo junto unos minutos. Agregar el vinagre, incorporar los fríjoles y su caldo, midiéndolo.

3- Añadir agua suficiente para que en total sean 6 tazas de líquido y salar. Agregar el arroz, revolver y cocinar hasta que el arroz esté tierno. Servir acompañado de cebollas en aros.

REPÚBLICA DOMINICANA

SOPA DE CANGREJOS

Ingredientes para 4 personas:

16 **cangrejos** de río, 2 **cebollas**
2 **zanahorias**, 1 rama de **apio**
4 cucharadas de **mantequilla**
1 "**bouquet garni**", **aceite**
1 diente de **ajo** machacado
3 ramitas de **perejil** picado
1 copa de **ron** añejo
2 vasos de **vino** blanco seco
1 cucharada de concentrado de
tomate, 4 tazas de **agua**
2 cucharadas de **crema de leche**
1 yema de **huevo**
Sal, **pimienta** y **ají**

1- Rehogar en la mantequilla 1 cebolla, las zanahorias y el apio, troceados, y el "bouquet garni"; tapar y cocinar a fuego muy lento.

2- Saltear los cangrejos lavados en una sartén grande con un poco de aceite y la cebolla restante cortada en aros finos, junto con el ajo y el perejil. Flambear con el ron y verterlos en la olla. Añadir el vino, el concentrado de tomate y el agua. Cocinar a fuego lento durante 15 minutos. Sacar los cangrejos del caldo, pelar las colas, cortarlas en trocitos y reservar por separado.

3- Licuar los caparazones y las cabezas de los cangrejos, junto con las hortalizas cocinadas, tamizar e incorporar al caldo reservado. Salpimentar, agregar el ají y cocinar 10 minutos más. Mientras tanto, batir la crema de leche y la yema y agregar a la olla. Repartir los trocitos de cola de cangrejo en los platos, cubrir con el caldo preparado y servir.

Preparación

BACALAO GUISADO

Ingredientes para 4 personas:

1 lb de **bacalao**
2 **cebollas**
2 cucharadas de **aceite**
½ taza de pasta de **tomate**
1 cucharadita de **vinagre**
1 lb de **papas** cocinadas
3 **huevos** duros
Sal
Perejil picado para decorar

Preparación

1- Escurrir el bacalao, previamente remojado desde la noche anterior y desmenuzarlo. Reservar. Pelar y cortar las cebollas en aros finos.

2- Calentar el aceite en una sartén grande al fuego y rehogar ligeramente los aros de cebolla hasta que empiecen a dorarse. Incorporar el bacalao desmenuzado, la pasta de tomate y el vinagre.

3- Poner sobre la superficie las papas cortadas en rodajas gruesas y rociar con media taza de agua. Cocinar a fuego lento durante 15 minutos. Por último, incorporar los huevos duros pelados y cortados en rodajas, rectificar la sazón, si fuera necesario, y servir bien caliente, salpicado con el perejil picado.

COLOMBO DE CABRITO

Ingredientes para 6 personas:

3½ lb de **cabrito** cortado en trozos
2 **limones** verdes, 9 dientes de **ajo**
5 cucharadas de **aceite**
3 cucharadas de **vinagre**
2 **pimientos** verdes, 6 **papas**
1 **berenjena** mediana
1 **calabacín** mediano
3 ramitas de **perejil** fresco picado
1 ramita de **tomillo**
3 cucharadas de polvo de **colombo**
El jugo de un **limón**
Arroz blanco, **sal** y **pimienta**

Preparación

1- Poner la carne con los limones troceados en un recipiente y dejar reposar unos minutos. Enjuagar en agua fría y escurrir. Mezclar en un recipiente 6 dientes de ajo picados, 2 cucharadas de aceite y el vinagre, rociar sobre la carne y dejar reposar 30 minutos.

2- En una olla con el aceite restante dorar 2 dientes de ajo picados. Añadir la carne y 1 pimiento picado, dorarlos, cubrir con un poco de agua y cocinar lentamente 15 minutos. Incorporar los ingredientes restantes picados, excepto el jugo de limón y el polvo de colombo, y cocinar lentamente 15 minutos más.

3- Mientras tanto, disolver el polvo de colombo en una taza de agua. Filtrar y reservar. Retirar las hortalizas de la olla y agregar el líquido filtrado y 1 taza más de agua y cocinar 10 minutos. Incorporar de nuevo las hortalizas, revolver y cocinar 15 minutos más. Añadir el jugo de limón, revolver y cocinar otros 5 minutos.

PATO BORRACHO

Ingredientes para 6 personas:

1 **pato**
4 cucharadas de **aceite**
2 cucharadas de **mantequilla**
1 diente de **ajo** machacado
2 **cebollas** picadas
4 **tomates** pelados y picados
1 cucharada de **perejil** fresco picado
½ taza de **vino** blanco seco
1 cubito de **caldo de pollo**
1 taza de **agua** hirviendo
Sal y **pimienta**

Preparación

1- Lavar bien el pato por dentro y por fuera, secarlo y sazonar con sal y pimienta. Calentar el aceite y la mantequilla en una olla al fuego y dorar el pato por todos los lados. Retirarlo y reservar.

2- En la misma olla sofreír el ajo, las cebollas y los tomates. Cuando esté todo bien frito, añadir el perejil y el pato.

3- Rociar con el vino, agregar el cubito de caldo y el agua y cocinar hasta que el pato esté tierno. Pasar la salsa por un pasapuré y servir acompañado de verduras variadas al gusto y la salsa en salsera aparte.

POLLO AL LIMÓN

Ingredientes para 4 personas:

1 **pollo** de 3 lb cortado en presas
1 **limón** verde
1 **pimiento** verde
8 dientes de **ajo**
El jugo de 3 **limones**
2 cucharadas de **ron**
3 cucharadas de **aceite**
3 **cebollas** medianas
2 ramitas de **perejil** fresco
1 ramita de **tomillo**
½ vaso de **agua**
Sal y **pimienta**

Preparación

1- Poner las presas de pollo en una fuente y frotarlas con el limón cortado en gajos.

2- A continuación, mezclar en un recipiente el pimiento y los dientes ajo, finamente picados, el jugo de limón, el ron, sal y pimienta. Rociar con este preparado el pollo y dejar marinar durante 3 horas, dando la vuelta a las presas, 2 o 3 veces.

3- Seguidamente, retirar el pollo de la marinada, limpiándolo bien, y dorarlo en una olla con el aceite caliente. Cuando todas las presas estén doradas, agregar las cebollas, cortadas en aros finos, el perejil picado y el tomillo. Cocinar 4 o 5 minutos, revolviendo todo bien e incorporar a la olla la marinada y el agua. Cocinar a fuego lento durante 25 minutos o hasta que el pollo esté tierno. Rectificar la sazón y servir.

CARAOTAS CON TOCINETA

Ingredientes para 6 personas:

1 lb de **caraotas** blancas
1 **cebolla** mediana
1 **pimentón** rojo picado
½ lb de **tocineta** troceada
4 cucharadas de salsa de **tomate**
3 cucharadas de **aceite**
Sal al gusto

Preparación

1- Lavar las caraotas y ponerlas en remojo el día anterior. Cocerlas con sal en la misma agua del remojo hasta que estén tiernas. Calentar el aceite en una sartén y freír la cebolla picada, el pimentón y la tocineta.

2- Incorporar el sofrito a las caraotas y mezclar bien.

3- Agregar la salsa de tomate, rectificar la sazón y cocinar todo junto a fuego bajo unos 10 minutos para unificar los sabores.

CORBULLÓN DE MERO

Ingredientes para 6 personas:

2 lb de **mero**
2 **limones**, 1 **cebolla**
1 lb de **tomates**, 5 dientes de **ajo**
1 **pimentón** verde
1 **ramillete** compuesto
1 taza de **vino** blanco
2 **ajíes** dulces orientales
1 ramita de **tomillo**
3 cucharadas de **aceite**
18-20 **aceitunas** rellenas
Sal al gusto

Preparación

1- Cortar el mero en trozos, lavarlos y colocarlos en un recipiente. Incorporar el jugo de los limones y dejar adobar unas 2 horas.

2- Calentar la mitad del aceite en una sartén y freír los ajos, los tomates y el pimentón muy picados, con las hierbas y los aliños. Calentar el aceite restante en una olla, freír la cebolla picada e incorporar el pescado escurrido del adobo.

3- Añadir el sofrito y la sal y revolver con cuidado.

4- Regar con el vino, tapar la olla y cocinar a fuego suave durante 5 minutos. Servir acompañado de arroz y adornado con las aceitunas rellenas.

PABELLÓN CRIOLLO

Ingredientes para 6 personas:

2 lb de **caraotas** negras
½ lb de falda de **res**
2 **cebollas** grandes
3 cucharadas de **aceite**
3 dientes de **ajo**
1 **ají** dulce
2 **tomates** grandes
½ cucharadita de **color**
3 **plátanos** maduros
Arroz blanco para acompañar
Sal y **pimienta** molida

1- Cocinar la carne en una olla con agua hirviendo, 1 cebolla pelada y cortada en aros y con sal. Escurrir la carne, dejarla enfriar y desmecharla con las manos.

2- Calentar el aceite en una sartén y freír la cebolla restante picada y los ajos machacados. Agregar el ají cortado en tiras, los tomates picados, el color, la sal y la pimienta. Cocinar unos 10 minutos. Reservar la mitad del sofrito, incorporar la carne y cocinar un par de minutos.

3- Cocinar las caraotas en agua con sal hasta que estén tiernas; colar y colocarlos en una sartén. Incorporar el sofrito reservado y mezclar todo bien.

4- Pelar los plátanos, cortarlos por la mitad en sentido longitudinal y freírlos en mantequilla o en aceite. Servir todo acompañado con arroz blanco.

Preparación

VENEZUELA

MANJAR DE GUANÁBANA

Ingredientes para 10 personas:

4 lb de **guanábanas**
1 l de **agua**
3 oz de **maicena**
½ lb de **azúcar**
Una pizca de **sal**
250 ml de **leche**

1- Pelar las guanábanas, retirar las semillas y triturar la pulpa junto con el agua durante 2 o 3 segundos. Pasar por un colador de alambre presionando la pulpa con una cuchara de madera, para obtener 8 tazas de jugo de guanábana.

2- Poner el jugo en una olla al fuego, agregar la maicena, el azúcar, la sal y la leche y cocinar a fuego lento, sin dejar de revolver, durante 15 minutos.

3- Verter el preparado anterior en un molde previamente humedecido, o moldes individuales. Dejar enfriar e introducir en el refrigerador hasta que endurezca. Servir decorado al gusto.

Preparación

ÍNDICE ALFABÉTICO DE RECETAS

PRIMEROS

Aguacates rellenos (México) 120
Ajiaco bogotano (Colombia) 30
Arroz a la mexicana (México) 122
Arroz a la Regenta (Puerto Rico) 222
Arroz atollado del Valle (Colombia) 32
Arroz con pollo (Costa Rica) 66
Arroz verde (México) 124

Berenjenas cubanas (Cuba) 72
Bolas de espinacas (Honduras) 114

Camarones borrachitos (Cuba) 74
Caraotas con tocineta (Venezuela) 244
Caviar de berenjenas (Rep. Dominicana) . .230
Cebiche (Colombia) 34
Ceviche de camarones (Ecuador) 86
Ceviche de pargo (México) 126
Chilaquiles rojos (México) 128
Chupe de choros (Perú) 206

Empanadas (Argentina) 6
Empanadas de viento (Ecuador) 88
Enchiladas verdes (México) 130
Ensalada con pescado (Colombia) 36

Frijoles borrachos (México) 132
Fufu (Panamá) .202

Guacamole (México) 134

Hojas de repollo rellenas (Argentina) 8
Huevos ahogados (México) 136
Huevos rancheros (México) 138

Jaibas rellenas (Colombia) 38

Mondongo (Colombia) 40
Moro de habichuelas (Rep. Dominicana) . .232

Nacatamal (Honduras) 116

Paltas a la jardinera (Perú) 208

Sancocho de gallina (Colombia) 42
Seviche (Guatemala) 108
Sopa de cangrejos (Rep. Dominicana) 234
Sopa de choclos (Argentina) 10
Sopa de elote (Cuba) 76
Sopa de fríjoles (Nicaragua) 196
Sopa de pescado (Costa Rica) 68
Sopa de verduras (México) 140
Sopa esmeraldeña (Ecuador) 90
Sopa verde (México) 142
Super nachos (México) 144

Tacos de machaca (México) 146
Tacos de tártara (México) 148

Vieiras a la Bahía de Valdez (Argentina) . . .12

SEGUNDOS

Ají de gallina (Perú) 210
Alas con mostaza (México) 150
Anillos en salsa de coco (Ecuador) 92

Bacalao a la limeña (Perú) 212
Bacalao campechano (México) 152
Bacalao guisado (Rep. Dominicana) 236
Bandeja paisa (Colombia) 44

Cabrito en cerveza (México) 154
Cabrito en salsa (Perú) 214
Carne colorada (Ecuador) 94
Carne en jocón (Guatemala) 110
Chiles en nogada (México) 156
Cocido (Colombia) 46
Coco con mariscos (México) 158
Colombo de cabrito (Rep. Dominicana) . . .238
Conejo a la cazadora (Argentina) 14
Conejo con salsa de ajo (Colombia) 48

Corbullón de mero (Venezuela) 246

Enrollado de atún (El Salvador) 102

Gallina de chinamo (Nicaragua) 198

Hornado (Ecuador) 96

Langosta rellena (Cuba) 78
Lechoncito adobado (Argentina) 16
Locro con carne de pecho (Argentina) 18

Manchamanteles (México) 160
Matambre (Chile) .24
Merluza a la criolla (Chile) 26
Mojo isleño (Puerto Rico) 224
Mole coloradito (México) 162
Muchacho relleno (Colombia) 50

Ostiones al horno (México) 164

Pabellón criollo (Venezuela) 248
Pato borracho (Rep. Dominicana) 240
Pavo relleno (México) 166
Pavo relleno panameño (Panamá) 204
Pescado almendrado (México) 168
Pescado con salsa negra (Costa Rica) 70
Pescado en salsa (Perú) 216
Picadillo de cazón (México) 170
Pollo a la antioqueña (Colombia) 52
Pollo al limón (Rep. Dominicana) 242
Pollo en estofado (México) 172
Pozole (México) .174

Rollo de carne relleno (El Salvador) 104
Ropa vieja (Cuba) 80

Serenata (Puerto Rico) 226

Tamales chiapanecos (México) 176
Tamales tolimenses (Colombia) 54
Truchas en caldillo (México) 178

Viudo de bocachico (Colombia) 56

POSTRES

Alfajores (Argentina) 20
Arroz con café (Cuba) 82

Corona de tomate de árbol (Colombia) 58
Cuques (Guatemala) 112

Dulce de cascos de limón (Cuba) 84
Duraznos merengados (México) 180

Gaznates (Argentina) 22
Gelatina de guayaba (México) 182

Hojuelas (Nicaragua) 200
Huevos reales (México) 184

Jamoncillo de nuez (México) 186

Manjar de guanábana (Venezuela) 250
Mazamorra (Colombia) 60
Merengues de pulque (México) 188

Naranjas en almíbar (México) 190
Natillas piuranas (Perú) 218
Nieve de melón (México) 192

Panqueque de banano (Honduras) 118
Pastel de quesillo (Chile) 28
Picarones (Perú) 220
Ponche de Navidad (El Salvador) 106
Ponqué negro (Colombia) 62
Postre de café (Colombia) 64

Sopa borracha (Puerto Rico) 228
Soufflé de mandarina (México) 194
Suspiros (Ecuador) 98

Torta de coco (Ecuador) 100

GLOSARIO

En la relación que sigue, pretendemos facilitar la comprensión de algunos términos no comunes a todos los países o la sustitución más apropiada por otro ingrediente similar.

Abadejo = bacalao, curadillo
Aceituna = oliva
Achiote = bijol, color, onoto
Achuras = asadura
Adobo = aliño, condimento
Aguacate = palta, panudo, sute
Ahuyama = auyama, calabaza, zapallo
Ají = chile, guindilla
Ajonjolí= comino
Ajo puerro = poro, porro, puerro
Albaricoque = chabacano, damasco, prisco
Alcachofa = alcaucil
Alcaparra = alcaparro, tápara
Alcaparro = alcaparra, tápara
Alcaucil = alcachofa
Aliño = adobo, condimento
Almohadilla = empanada, empanadilla
Almorabú = amáraco, mejorana
Alubia = caraota, frijol, habichuela, judía blanca, poroto
Amáraco = almorabú, mejorana
Ananá = piña
Añojo = buey, mamón, novilla, res, ternera, vaca
Arracacha = coyocho, nabo
Arveja = chícharo, guisante
Asadura = achuras
Auyama = ahuyama, calabaza, zapallo
Azafrán = camotillo, cúrcuma, yuquillo
Azúcar en polvo = glacé, glass, impalpable
Azúcar glacé = en polvo, glass, impalpable
Azúcar glass = en polvo, glacé, impalpable
Azúcar impalpable = en polvo, glacé, glass
Azúcar moreno = azúcar negro
Azúcar negro = azúcar moreno
Bacalao = abadejo, curadillo
Bacon = panceta ahumada, tocineta
Banana = banano, cambur, plátano
Banano = banana, cambur, plátano
Batata = boniato, camote, papa dulce
Bechamel = besamel, salsa blanca

Berberecho = chipi-chipi
Berro = mastuerzo
Besamel = bechamel, salsa blanca
Besugo = brusco
Betabel = beterraga, remolacha
Beterraga = betabel, remolacha
Bife = bistec, churrasco, filete
Bijol = achiote, color, onoto
Bimbo = guajalote, pavo, pisco
Biscote = bizcocho, bizcochuelo
Bistec = bife, churrasco, filete
Bizcocho = biscote, bizcochuelo
Bizcocho de soletilla = soleta
Bizcochuelo = biscote, bizcocho
Bocachico = pescado de agua dulce
Boniato = batata, camote, papa dulce
Brandy = cognac
Brécol = brócoli, coliflor
Breva = higo, tuna
Brócoli = brécol, coliflor
Brusco = besugo
Budín = cake, queic
Buey = añojo, mamón, novilla, res, ternera, vaca
Cabrito = chivo
Cacahuate = cacahuete, cacahuey, maní
Cacahuete = cacahuate, cacahuey, maní
Cacahuey = cacahuate, cacahuete, maní
Cacao = cocoa
Cake = budín, queic
Calabacín = calabacita, hoco, zapallito
Calabacita = calabacín, hoco, zapallito
Calabaza = ahuyama, auyama, zapallo
Calamar = chipirón, jibión, lula
Callampa = champiñón, hongo
Callos = mondongo, tripa
Cámaro = camarón, esguila, gamba, langostino
Camarón = cámaro, esguila, gamba, langostino
Cambur = banana, banano, plátano
Camote = batata, boniato, papa dulce
Camotillo = azafrán, cúrcuma, yuquillo

Cangrejo = jaiba, nécora
Cañón = lomo, muchacho, redondo, solomillo, solomo
Cañón de cerdo = carré de cerdo, cinta de lomo
Capulín = cereza, guinda, picota
Caracú = tuétano
Caraota = alubia, frijol, habichuela, judía blanca, poroto
Carne rebozada = escalope, milanesa
Carré de cerdo = cañón de cerdo, cinta de lomo
Carry = colombo, curry
Cassis = grosella
Cazón = tiburón
Cebolla larga = cebolleta
Cebolla morada = cebolla paiteña, cebolla roja
Cebolla paiteña = cebolla morada, cebolla roja
Cebolla roja = cebolla morada, cebolla paiteña
Cebollas de verdeo = cebollinos
Cebolleta = cebolla larga
Cebollín = chalota, escalonia
Cebollinos = cebollas de verdeo
Cecina = carne de vaca salada y curada
Cerdo = chancho, cochino, lechón, puerco
Cereza = capulín, guinda, picota
Chabacano = albaricoque, damasco, prisco
Chalota = cebollín, escalonia
Champiñón = callampa, hongo
Chancho = cerdo, cochino, lechón, puerco
Chaucha = ejote, judía verde, perona, poroto verde, vaina
Cherna = mero
Chicha = destilado de frutas o cereales
Chícharo = arveja, guisante
Chicharro = jurel
Chile = ají, guindilla
Chipi-chipi = berberecho
Chipirón = calamar, jibión, lula
Chirimoya = guanábana
Chivo = cabrito

Choclo = elote, maíz tierno, mazorca, panocha
Cholgua = choro, mejillón
Choro = cholgua, mejillón
Chuleta = costilla, palo
Churrasco = bife, bistec, filete
Cilántrico = cilantro, coriandro, culantro
Cilantro = cilántrico, coriandro, culantro
Cinta de lomo = cañón de cerdo, carré de cerdo
Clavo de especias = clavo de olor
Clavo de olor = clavo de especias
Clementina = mandarina
Coalla = codorniz, colín
Cochino = cerdo, chancho, lechón, puerco
Cocido = olla
Cocoa = cacao
Codorniz = coalla, colín
Cognac = brandy
Cohombro = pepino
Cojatillo = jengibre
Col = repollo
Col morada = lombarda
Coliflor = brécol, brócoli
Colín = coalla, codorniz
Colita = rabo
Colombo= carry, curry
Color = achiote, bijol, onoto
Comino= ajonjolí
Concha de Santiago = vieira
Condimento = adobo, aliño
Confitura = dulce, mermelada
Coriandro = cilántrico, cilantro, culantro
Corvina = huachinango, merluza, pescada
Costilla = chuleta, palo
Costrones de pan = rebanadas de pan frito
Coyocho = arracacha, nabo
Crema de leche = nata
Crema líquida = nata líquida
Crepa = crêpe, panqueque, tortilla
Crêpe = crepa, panqueque, tortilla
Culantro = cilántrico, cilantro, coriandro
Curadillo = abadejo, bacalao
Cúrcuma = azafrán, camotillo, yuquillo
Curry = carry, colombo
Damasco = albaricoque, chabacano, prisco
Despojos = menudencias, menudillos, menuditos, menudos
Dragoncillo = estragón

Dulce = confitura, mermelada
Durazno = melocotón
Ejote = chaucha, judía verde, perona, poroto verde, vaina
Elote = choclo, maíz tierno, mazorca, panocha
Empanada = almohadilla, empanadilla
Empanadilla = almohadilla, empanada
Escalonia = cebollín, chalota
Escalope = carne rebozada, milanesa
Esguila = cámaro, camarón, gamba, langostino
Espaguetis = fideos, tallarines
Estragón = dragoncillo
Fabas = habas
Falda = matambre, sobrebarriga
Fécula de maíz = harina de maíz, maicena
Feta = loncha, lonja
Fideos = espaguetis, tallarines
Filete = bife, bistec, churrasco
Finojo = finoquio, hinojo
Finoquio = finojo, hinojo
Frambuesa = mora
Fresa = fresón, frutilla
Fresón = fresa, frutilla
Frijol = alubia, caraota, habichuela, judía blanca, poroto
Fruta abrillantada = fruta cristalizada
Fruta bomba = mamón, papaya
Fruta cristalizada = fruta abrillantada
Frutilla = fresa, fresón
Gamba = cámaro, camarón, esguila, langostino
Garbanzo = teniente
Girasol = mirasol
Grasa de cerdo = grasa de pella, manteca de cerdo
Grasa de pella= grasa de cerdo, manteca de cerdo
Grosella = cassis
Guajalote = bimbo, pavo, pisco
Guanábana = chirimoya
Guate = maíz, mijo
Guinda = capulín, cereza, picota
Guindilla = ají, chile
Guisante = arveja, chícharo
Guiso = hogao, hogo, potaje, sofrito
Habas = fabas
Habas tiernas = vainas tiernas
Habichuela = alubia, caraota, frijol, judía blanca, poroto
Harina de maíz = fécula de maíz, maicena
Hierbabuena = menta fresca
Higo = breva, tuna

Hinojo = finojo, finoquio
Hoco = calabacín, calabacita, zapallito
Hogao = guiso, hogo, potaje, sofrito
Hogo = guiso, hogao, potaje, sofrito
Hojaldre = milhoja
Hongo = callampa, champiñón
Huachinango = corvina, merluza, pescada
Huesillo = orejón
Jaiba= cangrejo, nécora
Jamón cocido = jamón de York
Jamón crudo = jamón serrano
Jamón de York = jamón cocido
Jamón serrano = jamón crudo
Jengibre = cojatillo
Jibia = sepia
Jibión = calamar, chipirón, lula
Jitomate = tomate
Judía blanca = alubia, caraota, frijol, habichuela, poroto
Judía verde = chaucha, ejote, perona, poroto verde, vaina
Judías tiernas = vainas tiernas
Jugo = zumo
Jurel = chicharro
Langostino= cámaro, camarón, esguila, gamba
Lechón = cerdo, chancho, cochino, puerco
Lenguado = suela
Levadura en polvo = polvo de hornear
Lisa = mújol
Lobina = lubina, róbalo, sama
Lombarda = col morada
Lomo = cañón, muchacho, redondo, solomillo, solomo
Loncha = feta, lonja
Lonja = feta, loncha
Lubina = lobina, róbalo, sama
Lula = calamar, chipirón, jibión
Macís = nuez moscada
Maicena = fécula de maíz, harina de maíz
Maíz = guate, mijo
Maíz peto = maíz trillado, mote
Maíz tierno = choclo, elote, mazorca, panocha
Maíz trillado = maíz peto, mote
Mamón = añojo, buey, novilla, res, ternera, vaca
Mamón = fruta bomba, papaya
Mandarina = clementina
Mandioca = tapioca, yuca
Maní = cacahuate, cacahuete, cacahuey
Manteca = mantequilla, margarina

Manteca de cerdo = grasa de cerdo, grasa de pella
Mantequilla = manteca, margarina
Margarina = manteca, mantequilla
Mastuerzo = berro
Matambre = falda, sobrebarriga
Mazorca = choclo, elote, maíz tierno, panocha
Mejillón = cholgua, choro
Mejorana = almorabú, amáraco
Melocotón = durazno
Menta fresca = hierbabuena
Menudencias = despojos, menudillos, menuditos, menudos
Menudillos = despojos, menudencias, menuditos, menudos
Menuditos = despojos, menudencias, menudillos, menudos
Menudos = despojos, menudencias, menudillos, menuditos
Merluza = corvina, huachinango, pescada
Mermelada = confitura, dulce
Mero = cherna
Mijo = guate, maíz
Milanesa = carne rebozada, escalope
Milhoja = hojaldre
Mirasol = girasol
Mixtamal = harina de maíz con cal
Moler = picar
Mondongo = callos, tripa
Mora = frambuesa
Morcilla = moronga, rellena
Moronga = morcilla, rellena
Mote = maíz peto, maíz trillado
Mozzarella = musarela
Muchacho = cañón, lomo, redondo, solomillo, solomo
Mújol = lisa
Musarela = mozzarella
Nabo = arracacha, coyocho
Nata = crema de leche
Nata líquida = crema líquida
Nécora = cangrejo, jaiba
Novilla = añojo, buey, mamón, res, ternera, vaca
Nuez moscada = macís
Ñora = pimiento seco
Oliva = aceituna
Olla = cocido
Omelette = tortilla francesa
Onoto = achiote, bijol, color
Orejón = huesillo
Ostiones = ostras
Ostras = ostiones
Palo = chuleta, costilla
Palta = aguacate, panudo, sute
Pamplemusa = pomelo, toronja

Panceta ahumada = bacon, tocineta
Panela = papelón
Panocha = choclo, elote, maíz tierno, mazorca
Panqueque = crepa, crêpe, tortilla
Panudo = aguacate, palta, sute
Papa = patata
Papa dulce = batata, boniato, camote
Papaya = fruta bomba, mamón
Papelón = panela
Páprika = pimentón picante
Pargo rojo = rubio, salmonete, trilla
Patata = papa
Patilla = sandía
Pavo = bimbo, guajalote, pisco
Pejesapo = rape
Pepino = cohombro
Perona = chaucha, ejote, judía verde, poroto verde, vaina
Pescada = corvina, huachinango, merluza
Picar = moler
Picota = capulín, cereza, guinda
Pie = tartaleta
Pimentón = pimiento
Pimentón picante = páprika
Pimiento = pimentón
Pimiento seco = ñora
Piña = ananá
Pisco = bimbo, guajalote, pavo
Plátano = banana, banano, cambur
Polvo de hornear = levadura en polvo
Pomelo = pamplemusa, toronja
Poro = ajo puerro, porro, puerro
Poroto = alubia, caraota, frijol, habichuela, judía blanca
Poroto verde = chaucha, ejote, judía verde, perona, vaina
Porro = ajo puerro, poro, puerro
Potaje = guiso, hogao, hogo, sofrito
Prisco = albaricoque, chabacano, damasco
Puerco = cerdo, chancho, cochino, lechón
Puerro = ajo puerro, poro, porro
Pulpo = raña
Queic = budín, cake
Quesillo = requesón, ricota
Rabo = colita
Raña = pulpo
Rape = pejesapo
Rebanadas de pan frito = costrones de pan
Redondo = cañón, lomo, muchacho, solomillo, solomo
Rellena = morcilla, moronga
Remolacha = betabel, beterraga
Repollo = col

Requesón = quesillo, ricota
Res = añojo, buey, mamón, novilla, ternera, vaca
Ricota = quesillo, requesón
Róbalo = lobina, lubina, sama
Rodaballo = turbot
Rubio = pargo rojo, salmonete, trilla
Salmonete = pargo rojo, rubio, trilla
Salsa blanca = bechamel, besamel
Sama = lobina, lubina, róbalo
Sandía = patilla
Sepia = jibia
Sofrito = guiso, hogao, hogo, potaje
Sobrebarriga = falda, matambre
Soleta = bizcocho de soletilla
Solomillo = cañón, lomo, muchacho, redondo, solomo
Solomo = cañón, lomo, muchacho, redondo, solomillo
Suela = lenguado
Sute = aguacate, palta, panudo
Tallarines = espaguetis, fideos
Tápara = alcaparra, alcaparro
Tapioca = mandioca, yuca
Tarta = torta
Tartaleta = pie
Teniente = garbanzo
Ternera = añojo, buey, mamón, novilla, res, vaca
Tiburón = cazón
Tocineta = bacon, panceta ahumada
Tomate = jitomate
Toronja = pamplemusa, pomelo
Torta = tarta
Tortilla = crepa, crêpe, panqueque
Tortilla francesa = omelette
Trilla = pargo rojo, rubio, salmonete
Tripa = callos, mondongo
Tuétano = caracú
Tuna = breva, higo
Turbot = rodaballo
Tusa = hoja de maíz, maretira
Vaca = añojo, buey, mamón, novilla, res, ternera
Vaina = chaucha, ejote, judía verde, perona, poroto verde
Vainas tiernas = habas y judías tiernas
Vieira = concha de Santiago
Yuca = mandioca, tapioca
Yuquillo = azafrán, camotillo, cúrcuma
Zapallito = calabacín, calabacita, hoco
Zapallo = ahuyama, auyama, calabaza
Zumo = jugo